PART 5. 확장이 필요한 감정노동자 직업군

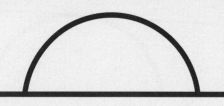

PART 3. 블랙컨슈머 vs 기업, 누가 블랙인가?

PART 4. 소비자와 기업에 필요한 상생

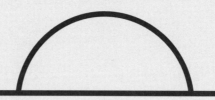

블랙컨슈머에 대해서는 '블랙컨슈머의 새로운 활동은 어떠할까?', '그런 활동에 대한 피해자는 누구인가?', '블랙컨슈머의 범주는 어디까지로 보아야 하는가?', '블랙컨슈머로부터 종사원을 보호하기 위해서는 무엇이 필요한가?'를 알아보고, 또 기업의 시각에서 '기업은 화이트컨슈머와 블랙컨슈머의 경계를 어떻게 구분해야 하는가?', '기업의 세계화를 위해 깐깐한 소비자와의 동행이 도움이 되는가?', '화이트 기업이 되기 위해 기업에 무엇이 필요한가?'에 대해 이번 책에서 상세히 알아보고자 한다.

이해를 돕기 위해 QR코드로 다양한 기사를 제공하며, 이는 해당 소비자나 해당 기업이 그렇다는 것이 아닌 이해를 돕기 위한 사례로 봐주길 바란다. 해당 기사는 기자의 의견이며, 필자의 의견이 아님을 다시 강조하는 바이다. 블랙컨슈머에 대한 대책을 세울 수 있으며 기업의 블랙컨슈머 담당자도 이 책을 통해 화이트 기업으로 나가기 위한 전략을 세울 수 있는 토대가 되었으면 하는 바람이다.

사라졌다. 그들은 사이버상에서 정보와 지식을 공유하고 뜻이 같은 사람들과 모여 함께 활동하는 대범함을 보이며, 그런데도 합법한 테두리 안에서 보상받는 다양한 정보를 가진다. 블랙컨슈머의 보이지 않는 활동이 코로나19로 직장을 잃거나 수입이 줄어든 의도가 불순한 다수의 대중에게 번진 것이다. 과거에 비해 더 빈번하게 소액의 보상으로 마무리되는 사건으로 확장되었다.

지금까지가 소비자의 변화라면 기업에서도 블랙컨슈머가 사회적으로 받는 지탄을 이용해 골치 아픈 고객을 내치는 용도로 〈블랙컨슈머〉의 타이틀을 악용하는 사례가 발생하고 있다. 제품에 관한 다양한 지식이 있는 소비자는 웬만한 담당자가 당해내기 힘들다. 그렇게 조곤조곤 따지며 소비자의 권한을 고객이 과하게 요구한다고 판단되면 블랙컨슈머로 치부하는 것이다. 제품에 대해 기업 담당자보다 높은 지식을 방출하며 깐깐한 요구사항을 제시하는 고객은 블랙컨슈머일까, 화이트컨슈머일까?

필자는 석사로 경영학을 전공했지만, 학부에서는 소비자학을 배웠다. 기업 측에서 바라본 블랙컨슈머도 중요하지만, 기본은 늘 소비자에 있다. 블랙컨슈머로부터 기업의 보호도 중요하지만, 소비자 없이는 기업도 없다. 기업의 성장에 초점을 맞춘 경제성장 과성을 거치며 한국에서 소비자의 힘은 상대적으로 발전하지 못했다. 그래서 이번 책의 부제를 '소비자, 기업 누가 블랙인가?'로 정했다.

로 전환할 수 있었으나 조직문화나 사회문화로 인해 대면으로 진행해 오던 모든 업무나 일상에 변화가 생겼다. 그렇게 기술로 대체한 일부 업무로 사람들은 직장이나 아르바이트 자리를 잃었고 안타깝게도 코로나19가 완화된 지금도 다시 과거로 돌아갈 수 없게 되었다.

이러한 사회적 현상으로 블랙컨슈머와 기업에도 변화가 생겼다.

1. 〈감정노동자 보호법〉을 피하기 위해 합법한 테두리 안에서 안전하게 활동하는 다양한 방법을 모색한다.

2. 코로나19로 변화된 비대면 서비스는 블랙컨슈머의 활동 범위가 사이버로 더욱 확대되는 역할을 했다.

3. 코로나19로 경제적인 어려움을 겪게 된 다양한 블랙컨슈머의 활동이 도드라지고 있다.

4. 목적이 같은 블랙컨슈머가 모여 정보와 지식을 공유해 그룹으로 활동하는 경향을 보인다.

5. 불만 강도는 약하나 보상받는 조건으로 활동이 더 확장되었다.

6. 블랙컨슈머의 사회적인 여론을 이용해 깐깐한 소비자를 블랙컨슈머로 차단하는 기업 행태가 나타나고 있다.

산업안전보건법이 시행됨에 따라 대기업에 소리 지르고 언론을 통해 공개하겠다 협박하던 블랙컨슈머의 활동은 보이지 않는 음지로

프롤로그

소비시장은 지금 큰 변화의 시기를 겪고 있다. 2018년 10월 18일 이후 소비자와 서비스 제공자의 사회적 위치가 동등함을 의미하는 워커밸(worker and customer balance)이라는 신조어가 생겨났다. 산업안전보건법에 따라 근로자의 감정노동이 산업재해로 인정되며 가해자에 대한 처벌이 가능해졌기 때문이다. 이러한 사회적인 이슈와 함께 대중의 관심이 높아졌고 대중의 관심에 힘입어 필자의 〈진상 고객 갑씨가 등장했다_감정노동자 보호 매뉴얼〉 도서는 2019년 경기콘텐츠진흥원이 우수출판 도서로 신징되었나.

그러나 2019년 말 급작스럽게 등장한 코로나19는 지금까지 당연시했던 모든 것을 바꿔놓기에 충분했다. 4차 산업혁명으로 비대면으

BLACK

블랙컨슈머

CONSUMER

윤서영 지음

커리어북스
CAREER BOOKS

이 도서에 본문과 관련된 기사를 QR코드로 안내하고 있습니다. 기사 내용은 참고자료로 동의의 의미가 아님을 알립니다. 또한, 기사 내용 중 필요 내용을 각색했으니 참고 바랍니다.

블랙컨슈머

PART 1

•

고객불만행동과
블랙컨슈머

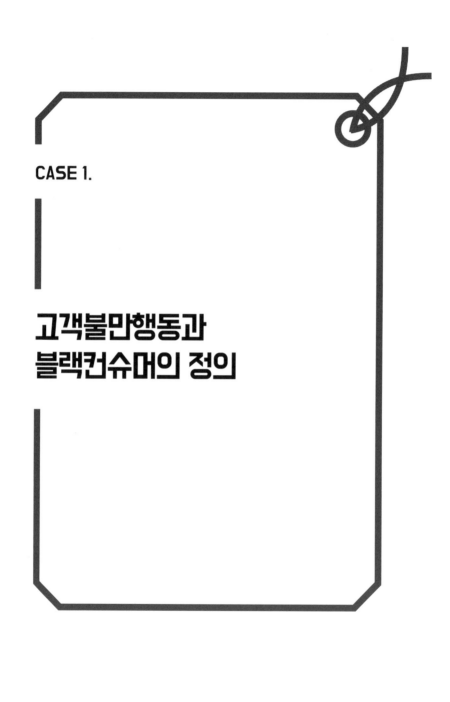

CASE 1.

고객불만행동과
블랙컨슈머의 정의

에피소드

에피소드 내용은 가상으로 특정 단체나 기업과 관련이 없음을 알립니다.

김 사원은 OO 커피 프랜차이즈에서 아르바이트 중이다. 얼굴을 찌푸리며 윤 사원에게 다가왔다. 윤 사원은 소비자학과에 재학 중이다.

김 사원, 조금 전 그 손님 봤어? 차라리 블랙컨슈머라면 신고라도 할 텐데 정말 미쳐버리겠어.

윤 사원, 무슨 일인데, 그래?

김 사원, 매일 아침 와서 아메리카노 한잔 사 가는데…. 다 알면서 같은 질문을 계속하는 거야. tall 사이즈는 몇 ml이냐? 그럼 grande는 몇 ml이냐? 그럼 tall 사이즈와 grande 사이즈가 몇 ml 차이냐? 이렇게 소소한 질문을 10여 분을 하는 거야. 처음에는 몰라서 그런가 보다 했어. 근데 다음날 똑같은 질문을 또 하는 거야. 어제도 물어보지 않았느냐고 물으면 까먹었다고 하는 거야.

윤 사원, 며칠째 그러는 건데!

김 사원, 오늘까지 5일째야.

윤 사원 그럼 블랙컨슈머인데?

김 사원 블랙컨슈머? 블랙컨슈머는 소리 지르거나 욕하거나 금전적인 보상을 요구해야 하는 거 아니야?

윤 사원 블랙컨슈머에 대한 정의가 명확하진 않아. 그렇지만 학자들의 공통된 의견은 블랙컨슈머는 작은 불만이라도 반복해서 업무를 방해한다는 거야. 반복해서 매일 그런 짓을 한다는 건 너를 정신적으로 학대하는 거나 다름없잖아. 물론, 불만 강도가 폭언이나 폭행보다 낮지만, 반복적인 괴롭힘은 강도를 한 단계나 두 단계 더 높게 보거든.

김 사원 그래? 그럼 저 사람도 블랙컨슈머인 거야?

윤 사원 맞아! 또 그러면 법적인 조처를 한다고 안내해야지.

　김 사원은 사전에 경찰과 협의해 다음 날 아침, 손님이 와서 질문할 때 앞으로 이런 행동을 보인다면 법적 조처를 할 것이라고 전달한다. 그 뒤로 그 손님은 그 카페에서 보이지 않았다.

1. 고객불만행동이란?

고객불만행동이 정확히 어떤 행동을 의미하는 것인지 학문적인 정의를 구체화하지 않으면 블랙컨슈머의 정의도 내리기 어려워진다. 2018년 10월 18일 산업안전보건법이 시행되었으나, 고객불만행동, 블랙컨슈머, 감정노동, 감정노동자의 용어가 구체적으로 어떤 행동이나 대상을 의미하는 것인지 명확하지 않다. 경비원이 자살하면 감정노동자에 경비원을 추가하고, 교사가 자살하면 그것은 어떤 법을 적용해야 하는지 고민하는 웃지 못할 상황을 초래하고 있다. 한 분야가 발전하고 정착하기 위해 해당 분야의 연구가 활발해서야 하는 이유가 바로 이것이다. 이 책에서는 각 용어에 대해 현재까지의 연구를 살펴보며 진행하고자 한다.

‖ 고객불만행동의 정의 ‖

고객이 불만을 표출하는 행동에 대한 전문용어는 아직 통합되지 않았다. 고객불만행동, 소비자불량행동, 소비자일탈행동, 소비자문제행동 등으로 표현하는데, 이 책에서는 고객불만행동으로 말하겠다. 고객불만행동은 과도한 소비자의 권리행사부터 불법과 합법의 경계 선상에서 자신의 요구를 관철하는 행동까지 모두 포괄하는 개념으로 정리할 수 있다.

이러한 고객불만행동에 대한 정의를 연구자별로 살펴보면 |표 1|과 같다. 연구자 Mills and Bonoma(1979)는 고객불만행동을 사회적으로 부적절하거나 사회 규범과의 갈등을 일으키는 행위를 하는 소비자들의 일탈행동으로 정의했다. K. Huh(1997)는 소비자가 권리를 남용하는 한편 책임을 다하지 못하는 행동을 포괄하는 개념으로 정의했으며, 이영애(2013)는 과도한 소비자의 권리행사부터 불법과 합법의 경계 선상에서 자신의 요구를 관철하려는 행동까지 모두 포괄하는 개념으로 정의했다.

이러한 고객불만행동의 특성을 요약하면 다음과 같다.

첫째, 자신의 이득을 위해 억지 주장한다.

잘못된 지식을 계속해서 우기거나 인지하고 있음에도 불구하고 몰랐다고 계속 주장하는 고객을 의미하며 거짓말도 서슴지 않는다.

| 표1 | 고객불만행동에 대한 정의

연구자(연도)	정의
Mills and Bonoma (1979)	사회적으로 부적절하거나 사회적 규범과 갈등을 일으키는 행위를 하는 소비자들의 일탈행동
K. Huh(1997)	소비자가 권리를 남용하는 한편 책임을 다하지 못하는 행동을 포괄하는 개념
Fullerton and Punj (2004)	소비상황에서 일반적으로 받아들여지는 행동의 규정을 위반하여 소비질서를 파괴하는 행위
H. Yang(2005)	불만표출 과정에서 소비자가 권리주장에 집착하여 자신들의 주장을 지나치게 과격한 방법으로 주장하거나, 또는 과도한 요구를 하는 등의 비이성적이며 소비자로서의 책임을 다하지 못해 나타나는 행동
서주희(2006)	소비자 비양심성, 불법성, 기만과 같이 비윤리적인 상거래 행동과 억지, 공격성, 무례함 등과 같이 지나치게 감정을 표출하는 행동 모두를 포함하여 거래상 권리를 남용하는 것
이승훈(2011)	계획된 불법성은 없더라도 불법과 합법의 경계 선상에서 이루어지는 행동이거나 기업의 정상적인 업무에 방해를 초래할 정도의 과도한 권리행사를 하는 까다로운 소비자부터 블랙컨슈머와 같이 악의적인 민원을 제기하는 소비자까지를 포괄하는 다소 유동적인 개념
이영애(2013)	과도한 소비자의 권리행사부터 불법과 합법의 경계 선상에서 자신의 요구를 관철시키려고 하는 행동까지를 모두 포괄하는 개념

출처_진상고객 갑씨가 등장했다, 윤서영, 2019

둘째, 무례한 언행을 서슴지 않는다.

폭언, 폭행 등 욕설, 반말이나 훈계조의 말투, 제품파손, 상담업무

방해 등 심각한 경우 담당자를 폭행하기도 한다. 폭언이나 폭행이 오가기 때문에 무례한 언행 유형의 고객과 대면할 때는 경찰을 대동하기도 한다. 고객이 먼저 욕설하고 담당자가 먼저 했다고 억지 주장하는 사례도 있기 때문이다.

셋째, 부당한 금전적 보상을 요구한다.

언론에 고소·고발하겠다며 협박 등을 통해 부당한 금전적 보상을 요구하며 기업에 뒷거래를 유도하는 유형이다. 이것이 성립되지 않으면 정신적 피해보상을 요구하기도 한다.

넷째, 불법적인 언행을 포함한다.

고객불만행동의 정의에 '불법과 합법의 경계 선상'이라는 표현이 포함된 것을 볼 수 있다. 그러나 분명 합법의 선을 넘은 블랙컨슈머의 행태로 '감정노동자 보호법'이 시행되었으니 그들의 행태 일부는 불법이 포함되었다고 볼 수 있겠다.

2. 블랙컨슈머의 정의

이렇게 불법과 합법의 경계 선상에서 자기 요구를 관철하려는 고객불만행동의 소비자를 우리는 블랙컨슈머라 부른다. 이는 한국에서만 사용하는 용어로 해외에서 'Black Consumer'는 흑인 소비자를 지칭할 수 있으니 유의하자! '악성의, 부정한'을 뜻하는 블랙(Black)과 소비자(Consumer)의 합성어를 뜻하는 블랙컨슈머는 악성 민원을 자기 이득을 위해 고의적이고 상습적으로 제기하는 소비자의 의미로 보편적으로 사용하고 있다.

블랙컨슈머란, 과도한 소비자의 권리를 행사하며 불법과 합법의 경계 선상에서 직간접적으로 금전적 보상과 같은 자신의 이익을 관철하려는 소비자의 모든 일탈행동을 포괄하는 개념이다.

이러한 블랙컨슈머의 행동 특성을 살펴보면 |표 2|와 같다.

| 표 2 | 블랙컨슈머의 유형

유형	특징
업무 방해형	영업장에서 고성과 난동, 팩스와 전화 등으로 끊임없이 불만 제기, 매일 같은 시간에 지속적으로 방문해 같은 민원 반복 등
담당자 괴롭히는 유형	'잘못 없어도 기분 안 좋으니 무릎 꿇고 빌어라', 반복적으로 전화해 '사과해라' 지시, '몇 시 몇 분에 전화해라' 등 새벽까지 휴대폰으로 문자와 전화 계속
인격적 모독형	'능력도 없으면서 밥만 축낸다', '수준도 안 되면서', '그러니까 니가 이런 일을 하는 거다' 등
폭언·욕설형	'눈알을' 등 입에 담을 수 없는 폭언, 욕설과 성희롱
협박성 악담형	'집주소 아는 거 금방이다', '밤길 조심해라' 등, 때로는 '아이들을 가만두지 않겠다' 등
실제적인 신체 위협형	면남 시 폭행, 뺨과 뒤통수 등 때리기, 서류 내던지기, 사무실 난입 등

출처_블랙컨슈머의 악성적 행동에 관한 사례분석, 곽성희, 2014

〈블랙컨슈머의 악성적 행동에 관한 사례분석〉 연구에서 고객불만을 표현하는 성향에 따라 블랙컨슈머를 업무 방해형, 담당자 괴롭히는 유형, 인격적 모독형, 폭언·욕설형, 협박성 악담형, 실제적인 신체 위협형의 여섯 가지로 분류했다(곽성희, 2014).

블랙컨슈머 유형별 구체적인 사례를 들어보면 다음과 같다. 같은 민원을 반복하는 업무 방해형, 개인적인 전화번호와 보상 그리고 사과를 요구하는 담당자 괴롭히는 유형, 인격을 모독하는 언행을 일삼는 인격적 모독형, 입에 담을 수 없는 성희롱이나 욕설하는 폭언·욕설형, 협박하는 협박성 악담형, 폭행을 추가하는 실제적인 신체 위협형이 그것이다.

고객의 금전적 보상은 꽤 지능적이다. 고객 접점(MOT)에서 근무하다 보면 직접적으로 '보상'을 요구하는 고객은 의외로 적다. 불만고객 담당자가 어떤 식으로든 먼저 보상을 언급할 때까지 괴롭히는 사례가 더 많다. 대부분 고객은 '나는 돈 때문에 이런 것은 아니지만, 너희가 그렇게까지 말하니 성의를 봐서 돈을 받고 여기서 문제를 덮겠다'라는 식으로 표현한다.

상황이 이러하니 '금전적 보상'에 대한 요구가 고의인지 아닌지 판단하기가 모호한 상황이 더 많다. 그래서 가족 전화번호나 이력 등으로 조회해 반복적으로 클레임이나 보상을 요구하는지에 대해 조회하고 관리할 전담부서가 필요하며, 블랙컨슈머의 유형을 나누어 현재 고객불만행동이 어느 정도 수준인지 파악하고 그 수준에 따라 해결방안을 모색하는 것이 중요하다.

이런 의미로 앞의 블랙컨슈머 여섯 가지 유형을 불만 수준에 따라 코드명으로 분류해 사용할 필요가 있다. 이미 국가나 병원은 재난 수준에 따라 코드명으로 분류하고 이에 따른 대응책을 마련하고 있다. 병원은 재난 수준에 따라 Code Red, Code Blue, Code Yellow, Code Black 등으로 분류하는데, Code Red는 병원의 원내 재난으로 화재나 단수, 단전, 침수, 가스누출, 미아, 테러 위험, 전산장애 등에 사용하며, Code Blue는 병원 원외 재난으로 화학 재난을 의미한다. 이렇게 코드명만 듣고도 현재 상황을 근무하는 노동자가 바로 알아차리게 하는 것이다. 이는 긴급하고 급박한 상황에서 대화하지 않고도 바로 행동하게 하는 매뉴얼의 기본 역할을 한다.

이 책에서 블랙컨슈머의 코드명은 블랙컨슈머의 '블랙'을 따서 무채색으로 분류했으며, 사내 불만고객전담팀에서 해결 가능한 고객과 경찰이나 외부 인력의 도움이 필요한 고객으로 분류해 보았다. 블랙컨슈머 유형 6가지 중 사내 해결 가능한 블랙컨슈머는 '업무 방해형', '담당자 괴롭히는 유형', '인격적 모독형'으로 'Code Gray'로, 사내 해결 불가한 블랙컨슈머는 '폭언·욕설형', '협박성 악담형', '신체 위협형'으로 'Code Black'으로 분류했다. 여기에서 사용한 코드명이나 분류 기준은 사업장의 특성에 따라 변경해서 적용하길 바란다.

지금까지의 블랙컨슈머 코드명을 정리하면 |그림 1|과 같다.

|그림 1| 블랙컨슈머 코드명

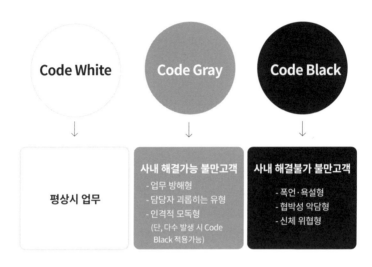

출처_진상고객 갑씨가 등장했다, 윤서영, 2019

또 이런 사례도 있다. 처음에는 인격적으로 모독하는 발언으로 시작해서 나중에는 폭행까지 더해질 수 있다. 이런 경우, 'Code Gray'에서 'Code Black'으로 업그레이드가 필요하다. 사내 인력으로 해결하려고 했지만, 고객불만행동이 심해져 경찰 대동이 필요해지는 경우이다.

이런 경우를 대비해서 블랙컨슈머의 유형에 따라 코드명을 분류하고 고객불만행동이 달라진다면 언제든 'Code White'에서 'Code Gray'로 또는 'Code Gray'에서 'Code Black'으로 업그레이드가 가능하게 매뉴얼을 만들어 사전에 직원들을 교육 및 훈련해야 한다.

이렇게 매뉴얼을 만들거나 고객에 대한 사내 기준을 작성하는 데 필요한 블랙컨슈머의 불만행동을 분류해서 등급을 나누는 작업을 해보았다. 이후 매뉴얼 작업은 237 페이지에 추가로 설명하겠다.

CASE 2.

블랙컨슈머의
불만행동 수준 측정

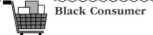
1. 블랙컨슈머의 불만행동 수준

블랙컨슈머의 유형을 나누다 보니 이쯤에서 궁금해진다.

과연 어느 유형의 블랙컨슈머를 더 악성이라고 판단할 수 있을까?

보통 같은 고객불만행동의 고객 중 언성이 높아지면 감정노동 강도가 더 높아지고, 욕설이 더해지면 감정노동이 조금 더 높아지며, 폭력이 더해지면 감정노동의 마지막 장을 보는 것과 같다고 생각한다. 그렇다면, 늘 '업무 방해형'보다 '폭언·욕설형'이 더 악성일까?

다음의 예시로 힘께 고민해 보자.

1. 매일 10시에 방문해서 30분씩 3주 동안 직원을 괴롭힌 고객

2. 당일 20여 분간 욕설하며 불만 제기한 고객

십여 년간 불만고객을 상대한 필자의 경험을 미루어 보면 2번 고객은 운이 없었다고 생각하고 술 한잔 하면 그만이다. 하지만 1번 고객은 다르다. 이 정도의 괴롭힘은 오장육부가 뒤집힌다는 표현이 적절하다. 관리자가 아닌 사원이 이런 일을 겪으면 퇴사로 이어지는 것이 보통이다. 뉴스에서 접하는 교사나 경비원 자살 사건은 대부분 피해자가 긴 시간 동안 가해자에게 괴롭힘을 당했다. 블랙컨슈머의 불만 강도 못지않게 감정노동이 발생한 누적 시간도 굉장히 중요하다.

2. 불만행동 수준 측정의 중요성

그렇다면, 블랙컨슈머의 불만 강도는 왜 중요할까?

2018년 10월 18일부터 시행된 〈감정노동자 보호법〉으로 감정노동의 수준에 따라 산업재해의 인정 여부가 결정된다. 이러한 이유로 객관적으로 감정노동 수치를 측정할 기준이 필요하다.

일본은 감정노동의 강도에 대해서 강, 중, 하의 기준을 상세히 정하고 이에 따라 법에 적용한다. '통상이라면 거절하는 것이 분명한 주문에 대한 곤란한 조정'은 업무강도 '강'에 해당하며, '무리한 주문을 받아 사후 대응한 경우'는 '중'으로 보고, 동종 경험이 있는 근로자가 달성할 수 있는 주문은 업무강도 '하'로 인정한다.

| 표 3 | 일본의 정신병 인정기준 중 감정노동 관련 항목

구체적 사건	고객이나 거래처로부터 무리한 주문을 받음	고객이나 거래처로부터 불만사항을 들음
평균적 부하	중	중
종합 평가 고려 사항	고객·거래처의 중요성, 요구되는 내용 등 사후대응의 곤란성 등	고객이나 거래처의 중요성, 회사에 미치는 손해의 내용, 정도, 사후대응의 곤란성 등 (注) 이 항목은 본인의 과실은 없는 불만사항인 경우에 평가한다. 본인의 실수에 의한 경우는 항목4로 평가한다.
심리적 부하 판단 예		
강	통상이라면 거절하는 것이 분명한 주문(실적에 현저한 악화가 예상되는 주문, 위법 행위를 내포하는 주문 등)이지만, 중요한 고객이나 거래처이기 때문에 이를 주문받아 타 부문이나 다른 거래처와 곤란한 조정을 하게 된 경우	고객이나 거래처로부터 중대한 불만사항(거액의 거래를 하는 고객의 상실을 초래하는 것, 회사의 신용에 현저한 영향을 미치는 것 등)을 지적받아, 이에 대한 해결을 위하여 타 부문이나 다른 거래처와의 곤란한 조정을 하게 된 경우
중	·고객이나 거래처에 무리한 주문을 받음 【[중]에 해당하는 예】 업무와 관련하여, 고객이나 거래처로부터 무리한 주문(큰 폭의 단가인하나 납기일의 앞당김, 반복되는 설계변화 등)을 받아, 어떤 형태로든 사후대응을 시행함.	·고객이나 거래처로부터 불만사항을 들음 【[중]에 해당하는 예】 업무와 관련하여, 고객 등으로부터 불만사항(납품물건의 부적합에 대한 지적 등 그 내용이 타당한 것)을 들은 경우
하	·동종의 경험이 있는 근로자라면 달성 가능한 주문을 받아, 업무내용·업무량에 어느 정도의 변화가 있었던 경우 ·요망되는 업무는 있었으나, 달성을 강하게 요구받은 것은 아니고 업무내용이나 업무량의 큰 변화는 없었던 경우	·고객으로부터 불만사항을 접수하였으나, 특별히 대응이 요구되는 것은 아니며 거래관계나 업무내용, 업무량에 큰 변화도 없었던 경우

출처_감정노동으로 인한 업무상 질병 인정범위 및 기준에 관한 연구, 2015

마찬가지로 블랙컨슈머 유형에 따라 불만 강도를 측정할 수 있다. 예를 들어, '업무 방해형' 고객이 1회 불만 제기한 것을 불만 강도 '중', '협박성 악담형' 고객이 1회 불만 제기한 것을 불만 강도 '강'으로 인정한다면, '업무 방해형' 고객이 5회 이상 불만 제기한다면 블랙컨슈머의 고객불만행동이 '강'으로 상향 조정할 수 있다.

| 표 4 | 블랙컨슈머에 따른 심리적 부하에 따른 정신병 인정기준(예시)

종합평가 고려사항	· 고객이나 거래처의 중요성, 회사에 미치는 손해의 내용, 정도, 사후 대응의 곤란성 등 (注) 이 항목은 본인의 과실은 없는 불만사항인 경우에 평가한다.	· 같은 고객의 동일한 불만 건으로 3회 이상 또는 기간이 일주일 이상 지연되면 평균적 부하를 한 단계 올려 적용함. · 같은 고객의 동일한 불만 건으로 5회 이상 또는 기간이 이주일 이상 지연되면 평균적 부하를 두 단계 올려 적용함.
평균적 부하	**심리적 부하 판단 예**	
강	· 고객이나 거래처로부터 불만사항을 들음. 【강】에 해당하는 예】 · 폭언·욕설형, 협박성 악담형, 실제적인 신체 위협형 고객을 상대하게 된 경우	
중	· 고객이나 거래처로부터 불만사항을 들음. 【중】에 해당하는 예】 · 업무 방해형, 담당자 괴롭히는 유형, 인격적 모독형 고객을 상대하게 된 경우	
하	· 고객으로부터 불만사항을 접수하였으나, 특별히 대응이 요구되는 것은 아니며 거래관계나 업무내용, 업무량에 큰 변화도 없었던 경우	

|표 3|을 예시로 '블랙컨슈머에 따른 심리적 부하에 따른 정신병 인정기준'을 작성해 보면 |표 4|와 같다. 현재 〈감정노동자 보호법〉

은 기준이 명확하지 않고 소수 직업군에만 적용이 되고 있다. 다시 말하지만, 선진국(일본)과 같이 고객불만행동, 블랙컨슈머, 감정노동에 대한 용어 정의뿐 아니라 기준의 명확성을 위한 디테일이 법적으로 보완되어야 한다.

감정노동 상황은 생각보다 순식간에 발생한다. 또한 소비자인 고객은 문제상황을 어느 정도 예상하고 방문하지만, 감정노동자는 소비자에 대한 사전 지식 없이 대면하는 경우가 대부분이다. 여기에서 사건이 과연 고객이 크게 분노할만한 이유였는지 아닌지는 나중의 문제이다. 감정노동 상황이 펼쳐진다면 대부분 폭언과 폭행이 오가는 급박한 분위기로 상황이 언제든 급변할 수 있다는 점을 감안해야 한다. 〈감정노동자 보호법〉이 시행된 이후 기업은 이러한 상황에서 노동자를 보호해야 할 의무가 있어 상황을 수습하고 감정노동자를 보호하는 것이 우선이다.

대부분 기업과 기관에서 순식간에 벌어지는 감정노동 상황을 통제하기 위한 '감정노동 보호 매뉴얼'을 만들고 있다. 이때 필요한 것이 블랙컨슈머의 불만행동 수준에 따른 불만강도 측정이다. 불만강도에 따른 매뉴얼을 만들기 위해 통상적인 불만고객행동을 종합해서 누가 어떻게 이 상황을 해결할 것인가에 대한 'How to'를 상세히 정해야 하기 때문이다. 이런 이유로 '불만고객행동의 강도' 측정과 '심리적 부하에 따른 정신병 인정기준' 등 상세한 기준이 필요하다.

CASE 3.

감정노동 &
감정노동자 보호법

에피소드

윤 강사는 '감정노동자 보호 컨설팅'을 위해 기업 담당자와 미팅 중이다. 매뉴얼을 만들기 위한 이번 작업에는 교육 담당자와 고객 담당 업무를 총괄하는 담당자도 함께 미팅에 참여했다.

윤 강사 ˒ 감정노동자 보호법이 시행된 이후에 달라진 점이 있나요?

담당자 ˒ 그럼요! 안 된다는 말에 소리 지르고 난동 부리는 고객 횟수가 확실히 줄었어요. 그리고 폭언하는 고객에게 '감정노동자 보호법'을 언급하거나 경찰이 오면 바로 저지되는 분위기예요. 예전에는 경찰이 와도 눈도 깜빡하지 않았거든요.

윤 강사 ˒ 고객이 '감정노동자 보호법'을 인지하고 그에 따라 행동한다는 의미일까요?

담당자 ˒ 요즘에는 주민센터나 각 고객센터의 안내 멘트에 '감정노동자 보호법'에 관해 알리잖아요. 확실히 고객들이 알고 있으니 효과가 있다고 볼 수 있겠어요. 회사에서 시간과 비용을 들여 '감정노동자 보호 컨설팅'을 하는 것도 큰 변화 중 하나죠.

윤 강사, (웃으며)

그렇네요. 그럼 업무에서 가장 힘든 것은 무엇일까요?

담당자, 저희는 고객이 관람하는 서비스를 제공하다 보니 오시는 관광차

안에서 술을 마시고 취해서 도착하는 고객이 있어요. 거기다 간

혹 관람 시간이 끝나고 도착하신 분들은 설득해서 보내기까지가

너무 힘들어요.

윤 강사, 그럴 때는 어떻게 해야 직원이 감정노동에 노출되는 시간과 정

신적 충격이 작을까요? 미리 고민한 내용을 매뉴얼에 반영해서

사전에 준비하는 작업이 필요해요.

담당자, 그런 게 있다면 정말 좋을 거 같아요. 직원들이 그런 날은 너무

힘들어해서 다독이는 게 쉽지 않아요.

윤 강사, 부서별로 업무의 특성과 담당자 그리고 현장 구조가 다르므로

그것에 맞게 매뉴얼을 만드는 것이 중요해요. 일단 일차적으로

부서장님들과 함께 미팅할 수 있을까요?

윤 강사는 현장의 목소리를 듣기 위해 부서장님들과 함께 이후 미팅을 더

진행했다.

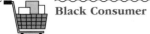

1. 감정노동이란?

감정노동(Emotional Labor)은 사회학자 앨리 러셀 혹실드(Arlie Russell Hochschild)가 항공기 승무원에 관한 연구에서 최초로 정의했다. 감정노동이란, 상대방에게 자신의 감정을 숨기는 것으로 상대방이 원하는 표정이나 행동을 만들어내기 위해 자신의 감정을 관리하는 것을 의미한다. 이후에 Ashforth & Humphrey의 연구에서 감정노동은 '특정의 상황에 적절한 감정을 표현하는 행위'로 정의하였으며, Morris & Feldman은 '종업원과 고객 간 상호 교환과정에서 조직으로부터 요구되는 감정의 표현을 위한 종업원의 노력, 계획 그리고 통제'로 정의했다.

학자별 감정노동에 대한 정의를 살펴보면 |표5|와 같다.

| 표 5 | 감정노동의 연구자별 정의

연구자(연도)	정의
Arlie Russell Hochschild(1983)	항공사 종업원들을 대상으로 한 경험연구를 통해 감정, 표현의 규칙이 존재함을 발견
Ashforth & Humphrey(1993)	특정의 상황에 적절한 감정을 표현하는 행위로 정의
Morris & Feldman (1996)	'종업원과 고객 간 상호 교환과정에서 조직으로부터 요구되는 감정의 표현을 위한 종업원의 노력, 계획 그리고 통제'로 정의. 감정표현에서의 개인특성 및 작업 관련 환경요인의 중요성을 강조.
Grandey(2002)	조직목표들을 달성하기 위하여 느낌 및 감정표현을 규제하는 과정이라고 보고 근로자들에게 어느 정도 이런 생각을 하고 있는지를 표시하도록 하여 감정노동의 정도를 측정함

출처_내 마음의 고요함 감정노동의 지혜, 윤서영, 2016

2. 감정노동 측정 진단지

이러한 감정노동은 2002년 Grandey의 연구에서부터 수치화해서 측정하는 것이 시작되었다. 감정노동 진단지는 현재까지 많이 나와 있다. 그러나 중요한 것은 대부분의 진단지가 설문하는 사람이 어떤 항목을 표시하면 감정노동 수준이 높게 나오는지 아니면 낮게 나오는지를 예측할 수 있게 항목이 설정되어 있다는 점이다. 이러한 진단지의 문제점은 결과에 대한 신뢰도나 타당도에 영향을 준다. 감정노동 수준을 측정하는 진단지는 현재 직원의 감정노동 수준을 파악하는 정도로만 활용할 것을 권한다. 추후 더 심도 있는 연구를 통해 새로운 진단지가 개발되기를 바란다.

첫 번째 진단지는 대부분의 감정노동 연구에서 사용하는 진단지로 감정노동을 '표면 행위'와 '내면 행위'로 나누어서 평가하며 |표 6|과 같다.

표면 행위는 표면화 행위라고도 하며 고객에게 거짓 감정을 표현하거나, 실제 감정과는 다른 행동이나 감정을 표현하는 것을 의미한다. 이는 회사(조직)에서 원하는 조직의 규칙에 일치하기 위해 노동자(개인)가 '표면적으로' 보이는 감정을 조정하는 상태를 말한다.

내면 행위는 심층적 행동이라고도 하며, 고객에게 보여주는 감정 (상냥함, 친절 등)을 실제로 느끼려고 노동자(개인)가 노력하는 것을 의미한다. 이는 자신의 실제 감정과 표현하는 감정 사이의 괴리감을 느끼는 감정노동이 발생하지 않는 상태를 의미한다.

이 진단지는 5점 만점으로 내가 느끼는 감정이 몇 점인지 점검해서 표면 행위 점수가 높은지 내면 행위 점수가 높은지 비교한다. 만약 표면 행위 점수가 높다면 당신의 실제 감정과 표현하는 감정에서 느끼는 괴리감이 감정노동을 해소하기 위해 자기 마음을 들여보는 시간이 필요하다는 의미이니 참고하자!

| 표 6 | 감정노동 측정 진단지

항목	내용	점수(5점)
표면 행위	나는 마음속으로 느끼는 것과는 다른 말과 행동으로 고객을 상대한다.	
	나는 고객에게 솔직한 감정을 숨기는 경우가 있다.	
	나는 실제 감정과 다른 감정을 표현하려고 한다.	
	나는 실제 감정과 다른 감정을 표현하려고 한다.	
내면 헹위	나는 실제 감정과 다른 감정을 표현하려고 한다.	
	나는 업무를 시작하기 전에 감정을 실제로 느끼도록 실천하려고 노력한다.	
	나는 감정표현을 다양하게 하려고 노력한다.	
	나는 진실된 감정을 표현하려고 노력한다.	

출처_관광·레저연구 제23권 제3호

두 번째 진단지는 〈고용노동부〉의 '감정노동 수준 평가표'이다.

고용노동부는 〈감정노동 종사자 건강보호 핸드북〉을 발표해 감정노동에 관한 많은 정보를 대중에게 알리려 노력하고 있다. '감정노동 수준 평가표' 이외에도 다양한 진단지와 평가표가 포함되며 해마다 내용을 업데이트하고 있으니 자료를 살펴볼 것을 권한다. 기업은 영업장의 시설이나 설비가 감정노동자 보호에 적합한지 등을 살피고 근로자는 기업에서 근로자 감정노동 보호를 위해 필수적으로 제공해야 하는 것을 참고하자! |참고|의 QR코드로 자료를 살펴볼 수 있다.

3. 감정노동자 보호법

국내 노동법에는 감정노동의 개념이나 구분이 없었다. 다만 근로기준법 제2조 1항 3호에 "근로란 정신노동과 육체노동을 말한다"라고 규정되어 있을 뿐이다. 이후 산업재해로 감정노동을 인정하고, 차별금지법 제정을 통해 정신적 괴롭힘을 일종의 차별행위로 인정할 필요가 있다는 의견이 계속해서 확대되었다.

정신건강에 관한 관심 증가와 '감정노동자'를 보호해야 한다는 다양한 의견 아래 2018년 4월 17일 산업안전보건법 개정안 감정노동자 보호법이 발행된다. 법 발행 후 6개월 이후부터 시행되기 때문에 2018년 10월 18일부터 감정노동자 보호법이 시행되었다.

자세한 법규 내용은 다음과 같다.

① 사업주는 주로 고객을 직접 대면하거나 「정보통신망 이용촉진 및 정보보호 등에 관한 법률」에 따른 정보통신망을 통하여 상대하면서 상품을 판매하거나 서비스를 제공하는 업무에 종사하는 근로자(이하

"고객 응대 근로자"라 한다)에 대하여 고객의 폭언, 폭행, 그 밖에 적정 범위를 벗어난 신체적·정신적 고통을 유발하는 행위(이하 "폭언 등"이라 한다)로 인한 건강장해를 예방하기 위하여 고용노동부령으로 정하는 바에 따라 필요한 조치를 하여야 한다.

② 사업주는 고객의 폭언 등으로 인하여 고객 응대 근로자에게 건강장해가 발생하거나 발생할 현저한 우려가 있는 경우에는 업무의 일시적 중단 또는 전환 등 대통령령으로 정하는 필요한 조치를 해야 한다.

③ 고객 응대 근로자는 사업주에게 제2항에 따른 조치를 요구할 수 있고 사업주는 고객 응대 근로자의 요구를 이유로 해고, 그 밖에 불리한 처우를 하여서는 아니 된다.

감정노동자 보호법을 위반할 시에는 '1년 이하의 징역 또는 1천만 원 이하의 벌금'의 벌칙(제68조)에 처할 수 있어 주의가 필요하다.

‖ '감정노동자 보호법' 시행의 의미 ‖

지금까지 근로자가 가지는 육체적인 고통에 대해서만 부분적으로 인정되어 오던 산업재해 인정기준이 드디어 정신적인 고통도 육체적인 고통 못지않게 기업이 보호하고 업무적인 이유로 정상범위에서 이탈했다면 보상의 의무가 있다는 점을 인정한 것이다. 이는 '감정노동자 보호법'에 이어 '직장 내 괴롭힘 방지법'을 통해 회사 내외로 확대되었다. 근로자의 근로환경을 좀 더 세심하게 살피는 기준이 되며, 지금까지 정신질환을 특정인에게만 발현되는 정신병으로 간주하던 사회 인식에 변화의 바람을 불러일으키는 시발점이 된 것이다.

법이 시행된 이후 달라진 점은 고용노동부의 〈감정노동 매뉴얼〉을 살펴보면 더욱 확연히 드러난다. 2018년에 처음 나온 매뉴얼에는 '서비스 노동자'를 기준으로 다양한 회사에서 근로자의 감정노동 보호를 위해 어떤 복지를 시행하고 있는지와 진단지, 평가표 등을 주로 다루었다. 2019년에는 업장마다 감정노동 보호 매뉴얼이 필요한 것을 인지하고 간호사, 유치원 교사, 사회복지사, 호텔종사자 등 직업별로 매뉴얼을 만들어 배포했다. 그러다 2023년에는 고객응대 근로자와 일반근로자를 분류해서 더 상세한 예방 조치와 사후 조치를 기재하고 있다.

이러한 변화는 최초에 '서비스 노동자'의 정의가 제한적이어서 사건 사고가 터지는 모든 직종에 '감정노동자 보호법'을 적용하기 어려운 점 등을 고용노동부도 인지하고 있으며 '감정노동'의 의미를 모든 직종으로 확대해 나가고 있다는 의미이기도 하다.

PART 2
•
코로나 19 이후
블랙컨슈머의 변화

4차 산업혁명으로 인한 직업과 감정노동 수준 변화

에피소드

김 대리는 친구와 통화 중이다. 프리랜서 강사인 친구는 코로나19로 수입
이 없어진 것을 한탄하고 있다.

친 구, 코로나19가 시작되고 나서 강의가 한 군데도 안 들어와. 3~4개
월이면 이 상황이 끝날 줄 알았는데, 이렇게 6개월이 지나고 보
니 이제 직업을 바꿔야 하나 걱정이야.

김 대리, 그러게… 나도 상황이 이렇게 오래갈 거라고는 생각하지 않았는
데 너무 심각한 거 같아. 그럼, 어떻게 생활하고 있어? 정부지원
금은 받았어?

친 구, 어느 기관에 소속되어 있는 계약서가 있어야 프리랜서 지원금을
받을 수 있대. 나처럼 기업에서 바로 강의받던 강사들은 증명할
서류가 없어. 그렇다고 사업자등록증이 있는 것도 아니고….

김 대리, 그러면 어떻게 하니?

친 구, 그동안 모아놓은 돈으로 버티는 중이야. 강사 중에 배달을 시작

한 사람이 있어. 아니면 물류업체에 들어가거나…. 코로나19로 배달과 택배 물량이 많아져서 수입이 없어진 사람들이 그쪽으로 이동하는 거 같아.

김 대리, 그래! 나도 그 얘기는 들었어. 수입이 없어졌다는 표현이 맞는 건지 직업이 없어졌다는 표현이 맞는 건지 모르겠다. 아무쪼록 어려운 시기가 잘 지나갔으면 좋겠다.

코로나19로 인한 팬데믹 이후, 자가격리, 재택근무가 이어지며 대면 업무와 관련된 업종의 수입이 뚝 끊기는 사태가 이어졌다. 당연히 해당 일을 해오던 많은 사람이 경제적 어려움에 처했다. 옛말에 가난이 대문으로 들어오면 사랑은 창문을 도망간다는 말이 있다. 사람들의 주머니 사정이 안 좋아지자 다시 블랙컨슈머들은 고개를 들기 시작한다.

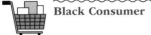
1. 4차 산업혁명과 코로나로 인한 직업 변화

이미 4차 산업혁명으로 직업적 변화는 일어나고 있었다. 그러나 기계에 의존하기보다 사람이 하는 것을 더 선호하는 서비스업종은 바로 기계로 대체하지 않았다. 초기 투자 비용의 부담뿐 아니라 '그래도 사람이 낫지!'하는 인식은 쉽게 바뀌지 않았기 때문이다.

그런 와중에 코로나19가 터졌다. 사람과 사람의 대면을 최소화해야 하는 불가피한 상황은 기술적인 발전을 그대로 받아들이고 수용하게 했으며, 이후에도 언제든지 다른 전염병이 전파될 수 있다는 불안감은 사회전반의 가치관을 변화시켰다. 그래도 사람이 가져다주는 음식을 선호했던 대중은 이제 로봇이 가져다주는 음식과 다 먹은 식기도 로봇을 불러 보내는 것에 익숙해지고 있다.

‖ 배달의 드론 ‖

첫 번째로 사람을 대신하는 것으로 손에 꼽히는
것이 드론이다. 여수시는 '드론 실증도서 구축' 사
업을 열고 돌산 진무와 섬 지역인 송도, 금오도, 개
도 4곳의 섬과 육지 간 의약품, 특산품 등을 배송하는 실증사업을 추
진하고 있다. 이 사업으로 돌산도 진모지구에서 섬까지 의료용품을
배송하며, 섬에서 육지로는 전복을 배송하는데 편도 30분 정도 소요
된다고 한다. 2024년 6월까지 전라남도, 고흥군, 신안군과 공동으로
'전남형 UAM(도심항공교통) 항로개설 기획연구'를 진행 중이다.

서울시는 주유소를 택배 배송 물류창고로 활용
하기 위한 '미래형 첨단 물류 복합 주유소'를 조성
하고 2023년 11월 본격적으로 운영에 들어간다고
밝혔다. 복합주유소는 기존 주유소 공간에 스마트 물류시설과 로봇,
드론 등 미래 물류 기능을 집약한 것으로 국토교통부와 GS 칼텍스
등 민·관 산업기관이 함께 추진한 사업으로 약 1년의 시험 운행을 거
쳤다. 주유소에는 무인·자동화 물류 시설이 마련되어 로봇이 물품 입
고부터 분류, 출고 등을 모두 관리한다. 보통 센터와 비교하면 사람과
지게차 공간이 필요 없어 공간 활용성이 최대 4배 정도 높다. 내곡주

유소를 예로 들면 32평 부지에 로봇 6대가 투입되어 1,700여 개 택배 상자를 입출고할 수 있어 하루 최대 3,600개까지 처리할 수 있다. 이 외에도 승객이 적은 시간대를 활용해 서울 지하철 노선에 화물 열차를 운영하는 택배 배송을 추진해 물류 경쟁력을 높이겠다고 했다.

새벽배송, 당일배송 등 세계 어디에서도 볼 수 없는 빠른 배송 시스템을 가진 한국은 택배배송업 노동자의 '과로사'가 계속해서 미디어에 노출되고 있다. 이는 산재로 연결되며, 기업은 노동자의 복리후생을 간과했다는 비난을 피할 수 없었다. 이는 기업이 더 빠르게 기계로 변화하는 계기를 제공했으며, 조만간 스마트한 물류 시스템으로 인해 많은 택배업자와 배달업자가 실업의 위기에 놓이게 될 것이다.

‖ 요리하는 로봇팔 ‖

두 번째 자영업자의 대부분이 속하는 요식업의 인력을 대체할 수 있는 '요리하는 로봇팔'이다. '요리하는 로봇팔'의 개발 소식은 이미 4~5년 전에 발표되었다. 모든 것은 대중화되기까지 시간이 필요하다. 올해부터 '요리하는 로봇'에 대한 기사가 심심치 않게 나오고 있다. 처음 시도되는 분야는 근무환경과 처우개선이 필요하다고 목소리를 높이던 급식 분야이다.

서울의 한 학교에서 로봇팔이 생닭에 간을 하고, 밀가루를 입혀 180도에 튀긴 후 기름기를 빼는 작 업을 한다. 영양사는 튀김 요리에 노출되는 시간이 90% 넘게 줄었고, 업무량이 절반 가까이 개선되었다고 한다.

대기업은 이미 4~5년 전에 로봇팔을 공개했다. 삼성전자는 미국 라스베이거스의 북미 주방·욕실 산업 박람회에서 '삼성봇 셰프'를 공개해 자르기, 휘젓기, 붓기, 청소하기 등의 음성명령을 수행한다고 했다. LG전자는 접객, 주문, 음식 조리, 서빙, 설거지 등 다양한 서비스를 제공하는 레 스토랑에서 사용하는 로봇을 소개했다.

이러한 로봇의 활용은 소프트웨어, AI와 함께 병원, 호텔 등으로 확 산할 예정이며, 가격 수준에 따라 자영업자나 가정집에도 조만간 보 급이 시작될 것으로 보인다.

‖ 챗봇 ‖

드론과 요리하는 로봇팔이 인간의 육체노동을 대신했다면, 인공지 능(AI) 챗봇은 인간의 지능적인 면을 대체한다. 올해 초반부터 베스트셀러 분야를 휩쓴 챗봇의 여파는 여전하다. '아직은 인간을 대체하기에 역부족이다' vs '충분히 인간에게 위협적이다'의 두가지로 의견이 분분한 분야이기도 하다. 그러나 현재 인간을 대체하기에 역부족이라고 비판하는 전문가도 '머지않은 미래에는 충분히 인간에게 위협적일 것이다'로 통합된다. 이에 세계 유명 대학들은 챗봇의 발전으로 사라질 직업을 발표하고 있다. 작가, 웹디자이너, 출판사가 사라질 직업으로 언급되었으며, 수학자, 통계학자 등의 전문직도 포함된다. 그러나 AI의 판단오류로 아직은 갈 길이 멀다는 의견도 있다.

‖ 콜센터의 AI ‖

AI와 챗봇이 함께 응용되는 곳 중 하나가 콜센터이다. 콜센터는 다양한 방법으로 고객 문의를 응대한다. 가장 큰 비중을 차지하는 것이 전화(call) 업무이며, 이메일, 채팅 상담 등을 통해 고객 문의를 처리한다. 전화 업무에는 AI, 채팅 상담에는 챗봇이 도입되며 간단하고 빠르게 처리할 수 있는 업무에 투입되었다. 이전에는 청구주기(청구서가 발행되어 비용 관련 문의가 폭주하는 주기)와 같은 이슈가 있는 기간에 상담사의 업무가 가중되는 문제점을 AI와 챗봇의 도입으로 해소되는 것처럼 보였다.

그러나 문제는 이후이다. 알려진 것처럼 AI와 챗봇은 학습할 수 있다. 이들은 이전 문의에 대한 데이터를 누적하고 이를 업데이트 함으로써 처리할 수 있는 범위가 확장되었다. 청구 주기와 같은 인력이 더 필요한 기간을 위해 도입했지만, 이후에는 기존 사원조차 어느 정도 감원을 할 수 있을 정도로 업무 범위가 확장된 것이다.

콜센터는 실제로 신입사원 채용을 줄여왔지만, 이번에는 대대적인 해고가 이루어졌다. '국민은행 협력 업체 콜센터'에서 이루어진 대대적인 해고 통 보에 대해 규탄의 목소리가 나오고 있다. '협력 업체'의 문구에서 알 수 있듯이 이들은 국민은행 정규직이 아니며, 급여도 콜센터 직원 수준이었을 것이다. 그들은 2천만 원 정도의 퇴직금으로 이제 길바닥에 나앉게 되었다면 한탄하고 있다.

AI와 챗봇으로 인해 사라질 직업이 발표되었지만, 현장에서 가장 위협받는 직종은 배달, 음식점, 고객 응대와 같은 단순 업무에 해당한다. 코로나19로 인한 팬데믹 시대에 배달 앱 회사에서 자영업자 수수료율을 높였던 것처럼 배달 기사의 직종이 줄어들고 사라진다고 해서 슬퍼할 기업은 없다. 다만, 부익부 빈익빈의 시대가 한층 더 가속화될 수 있다는 우려와 함께 어린 시절 즐겨보았던 '은하철도 999'와

같이 기계인간이 지배하는 슬픈 인간의 시대가 오지 않았으면 하는
것은 바람일 뿐인지도 모르겠다.

2. 직업의 감정노동 수준 변화

고객센터의 ARS와 채팅 상담, 앱 상담 등에서 AI와 챗봇이 활용된
다. 이는 일률적이고 간단한 답변으로 해결할 수 있는 상담은 챗봇과
AI가 대체하고 이외에 복잡하고 상황판단이 필요한 업무를 인간이
하는 방식으로 업무분장이 이루어진다.

단순 업무에 대한 기계나 AI의 대체 효과는 '인력이 줄어 직장을
잃는 사람이 생길 것이다'로 끝나지 않는다. 단순 업무에 대한 자동화
는 같은 직종의 인간에게 더 많은 창의력과 집중력을 요구하고 업무
의 수준이 더 복잡해진다는 것을 의미한다.

예를 들어, 고객센터에 근무하는 한 상담사가 하루에 평균 100콜
을 처리한다고 가정하자. 과거에는 이 상담사가 받는 전화 중 50콜
정도가 단순 업무(주소 변경이나 요금)에 대한 문의였고, 50콜이 프
로세스를 확인 후 고객에게 다시 전화하는 아웃바운드(Out-Bound)
를 요구하는 콜이었다. 그러나, 챗봇이나 AI가 단순 업무를 거르는 요
즘은 100콜 중 80콜이 복잡한 프로세스를 확인하거나 담당 부서에

확인해야 하는 고도의 판단 능력이나 업무 해결에 대한 응용력이 필요한 고객 문의인 것이다.

앞으로 근무환경이나 처우가 나아질 것으로 예상되는 직업군에 콜센터 상담사가 포함된 이유는 바로 이런 이유이다. 급여나 복리후생이 나아져야 하는 가장 큰 이유는 업무의 복잡성도 있지만, 또 다른 이유는 '감정노동의 상승'이다. 많은 연구에서 복잡하고 다양한 업무에 노출될수록 감정노동이 상승하는 것으로 나타났다. 이는 감정노동을 '직무 스트레스'의 의미로 생각하면 더 간단하게 이해할 수 있다. 한가한 와중에 불만고객은 여유롭게 응대할 수 있지만, 바쁜 때에는 고객의 평소 말투도 짜증 나게 들리는 것이 인지상정이다.

이는 같은 직종에서 같은 시간 안에 요구하는 업무의 복잡성이 더 상승한다는 의미이며, 전문가들은 이에 따라 AI와 챗봇이 투입되는 직종에서 근무하는 근로자의 감정노동과 직무 스트레스가 더 상승할 것으로 보고 있다. 결과적으로 인간이 일하는 직업의 노동강도가 높아진다는 것을 의미한다.

지금까지 언급한 AI, 드론, 챗봇 등 4차 산업혁명이 반영된 직업은 감정노동 상승효과를 인지하고 기업에서 신입사원 교육부터 기존 사원의 급여, 복리후생, 감정노동자 보호까지 다양한 방면으로 사전에 준비하고 고려할 필요가 있다. AI와 챗봇이 협력하는 업계의 종사자는 더 높은 급여와 더 나은 근로환경을 받을 권리가 생기는 것이다.

이번 국민은행의 콜센터 직원 해고는 안타까운 일이다. 실제로 이직률이 높기로 악명이 높은 콜센터에서 신입사원의 투입을 어느 정도 조정했다면 서로 불편한 상황을 일어나지 않았을 텐데 말이다. 기업은 AI와 챗봇 등을 도입하며 앞으로 필요한 인력에 대해 사전에 예측하고 이를 인력 현황에 미리 반영해야 할 것이다.

CASE 5.

코로나19로
불안정해진 경제활동

김 대리는 '쾅'하는 소리에 놀라 차를 세웠다. 6시가 조금 넘었지만, 겨울이라 그런지 벌써 깜깜했다. 후진하며 봤지만, 아무도 없었는데 뒤에서 갑자기 소리가 났다. 차에서 내린 김 대리는 오토바이와 배달 기사가 쓰러져있는 모습을 보고 깜짝 놀란다.

김 대리, 어머! 괜찮으세요?

배달 기사, 클랙슨을 울렸는데도 계속 뒤로 오면 어떻게 해요?

김 대리, 네? 아무 소리도 못 들었는데 너무 죄송해요. 다치신 걸까요?

배달 기사, (한쪽 발을 절름거리며)

아! 왼쪽 뒤꿈치가 오토바이가 넘어지면서 깔렸어요.

김 대리, 잠시만요. 제가 얼른 보험회사에 전화할게요. 앉아 계세요.

아파트 단지에서 마주 오는 자와 맞닥뜨리고 있어서 양보하려고 차를 뒤로 뺐다. 분명 아무도 없었는데, 배달 기사가 갑자기 나타난 것이다. 어둠이 깔린

터라 검은색 오토바이와 검은 옷의 배달 기사가 보이지 않았을까? 보험회사에 접수하고 돌아온 김 대리는 배달 기사의 지인으로 보이는 사람이 6~7명이나 몰려와 있는 것을 보고 당황했다. 오토바이는 용달차에 이미 실려있고, 기사는 용달차에 탑승해 얼굴조차 보이지 않았다. 지인 중 한 사람이 다가왔다.

배달 기사2,   연락처 좀 알려주세요.

김 대리,   아저씨는 누구세요?

배달 기사2,   사고 난 사람 아는 사람이에요. 사고를 냈으니까 앞으로 치료며 보상이며 연락해야 할 거 아니에요.

김 대리,   그런데 왜 아저씨한테 제 연락처를 알려줘야 하죠?

그제야 상황 파악이 되었다는 듯이 자기 휴대전화를 집어넣었다. 보험회사 직원이 도착해서 상황이 종료되고, 집에 돌아온 김 대리는 뭔가 찜찜한 기분을 떨칠 수 없었다. 배달 기사는 클랙슨을 울렸다는데 들리지 않았고, 살짝 후진했는데 부딪힌 것이 이상했다.

다음 날 보험회사에 문의해 아파트 CCTV를 확인하겠다는 의사를 밝혔다. 경찰에 신고해야 가능해서 그다음 날이 되어서야 CCTV를 확인할 수 있었다. 깜깜했지만 자동차 불빛만으로 충분히 확인되었다. 후진을 시작한 차 뒤로 오토바이가 다가와서 섰고, 뒤로 후진했다는 배달 기사의 말과는 달리 오토바이는 1m 정도 전진했다. 그러나 경찰에서는 1m 전진한 것만으로 배달 기사의 사고에 대한 고의성을 입증하기에는 부족하다고 결론 내렸다. 결국 김 대리가 수리 비용과 치료비 그리고 배달 기사가 치료받는 동안 일하지 못한 비용을 지급해야 했다. 한 달 뒤, 보험회사에서 전화가 왔다.

보험 회사, 김OO 님이시죠? 지난번 사고의 배달 기사분이 비슷한 사고가 세 건이 더 발생해서 회사 자체적으로 조사하고 있어요.

김 대리, 자체적으로 조사한다는 말씀이 어떤 의미일까요?

보험 회사, 단정 지을 수는 없지만, 보험사기에 해당하는 고의적인 사고를 낸 것으로 추정하고 있어요.

김 대리, 그러니까 일부러 와서 부딪혔다는 말씀인가요?

보험 회사, 아직은 심증이지만, 고객님의 아파트 CCTV 영상으로 고의성을 입증하기에는 부족한 부분이 있어서요.

김 대리, 제가 서 있는데 일부러 1m 정도 다가왔어요. 어느 정도여야 고의성을 입증할 수 있나요?

보험 회사, 예를 들어, 주변을 배회하다 일부러 간 정황이 보여야 고의성이 있다고 할 수 있어요. 2~30분 대기하다가 차가 오니까 전진해서 부딪혔다든지 하는 정도요. 그러나 이분이 벌써 동일한 수법이 3건이기 때문에 보험사기로 판정 난다면 법적인 조치가 취해질 거예요.

김 대리 이분이 제 건으로 받은 비용이 어느 정도인가요?

보험 회사 위자료와 치료비 등의 명목으로 200만 원 정도 받았고, 나머지 두 건의 교통사고는 더 크게 나서 더 많이 받으셨어요.

김 대리 그렇군요. 결과 나오면 알려주세요~

배달 시장의 엄청난 성장을 업고 직장을 잃은 많은 사람이 배달 기사로 직업을 전향했다. 이 글이 오늘도 성실히 일하는 배달 기사에게 피해가 되지 않기를 바라는 마음이다. 그러나 코로나19 이후로 일부 배달 기사가 직업을 이용해 보험사의 블랙컨슈머가 된 것은 사실이다.

1. 배달 기사의 보험사기 급증

고의로 교통사고를 내고 1억 원의 보험금을 탄 20대 중국 식당 배달원이 경찰에 붙잡혔다. 경북 김천경찰서는 보험사기방지 특별법 위반 혐의로 A 씨를 구속했다고 밝혔다. 그는 중국 식당에 배달 종업원으로 취업한 후 배달용 오토바이를 이용해서 주로 후진하는 차량이나 법규를 위반하는 차량을 골라 고의로 부딪히거나 사고를 내서 합의금과 수리비를 챙긴 것으로 드러났다.

10대와 20대 사회초년생이 오토바이 사고가 유난히 잦아 보험사에서 조사에 나섰다. 경찰 수사 결과, 사기에 가담한 인원만 350여 명으로 보험사의 피해 금액은 60억 원이 넘었다. 이 보험사기단은 주로 골목길에서 마주친 다른 차량을 피하고자 후진하는 차량 뒤에 바짝 붙은 뒤, 차량이 살짝만 부딪쳐도 오토바이와 함께 넘어져 보험금을 타내는 수법을 썼다. 사기에 가담한 사람들은 SNS를 통해 모은 것으로 드러났다. '간단한 거 하나하고 최소 150 만들어 드린다'라는 글을 올려 참가자를 모은 것으로 알려졌다. 이들은 같은 배달업체에서 일하는 등 친분이 있었으며 사기 수법을 공유하고 덩치를 불렸다.

금융감독원에서 발표한 보험사기 적발에 관한 통계 자료를 살펴보면, 2019년 상반기 대비 2020년 상반기의 보험사기 적발 건수는 4,323건 증가해 무려 10%의 증가율을 보였다. 가장 높은 증가율을 보인 직업은 '요식업 종사자'로 1,144명이 증가했으며, 그 뒤로 모집종사자(보험 외), 교육관련 종사자, 회사원(보험업), 건물/창고업 종사자, 무직/일용직(전업주부 제외), 운수업 종사자(차량 외), 전업주부, 공장(제조업), 기타 일반자영업 등으로 나타났다. 코로나19로 경제적 타격이 컸던 직업이 대부분을 이루고 있는 점은 간과할 수 없다.

앞의 에피소드에 나온 '교육관련 종사자'가 증가 비율 3위에 속해 있다. 필자도 경험했지만, 강의가 어느 정도 줄어든 것이 아니라 아예 없어졌다. 이처럼 코로나19로 사람들의 왕래가 끊기면서 일이 없어진 일부 사람들이 옳지 않은 방법으로 수익 창출을 기대했다.

가장 피해가 컸던 '요식업 종사자'의 보험사기 건수는 835건에서 1,979건으로 두 배가 넘는 수치의 증가세를 보였다. 이것은 보험으로 처리된 사고 건수가 아닌 보험사기로 혐의가 적발된 건수로 이 정도의 증가율은 실제로는 더 많은 사고가 있었음을 의미한다.

| 표 7 | 혐의자 직업별 적발현황

구분	2019 상반기		2020 상반기		증감 (B-A)	
	인원	구성비	인원	구성비	인원	구성비
요식업 종사자	835	1.9	1,979	4.2	1,144	137.0
모집종사자(보험외)	69	0.2	135	0.3	66	95.7
교육관련 종사자	416	1.0	600	1.3	184	44.2
회사원(보험업)	32	0.1	46	0.1	14	43.8
건설/창고업 종사자	689	1.6	864	1.8	175	25.4
무직, 일용직 (전업주부 제외)	4,029	9.3	4,950	10.4	921	22.9
운수업 종사차(차량 외)	298	0.7	328	0.7	30	10.1
전업주부	4,502	10.4	4,933	10.4	431	9.6
공장(제조업)	879	2.0	931	2.0	52	5.9
기타 일반자영업	1,322	3.1	1,381	2.9	59	4.5
회사원(보험외)	8,492	19.7	8,767	18.5	275	3.2
운수업 종사차(차량)	1,788	4.1	1,835	3.9	47	2.6
학생	1,849	4.3	1,853	2.9	4	0.2
모집종사자(보험외)	771	1.8	709	1.5	-62	-8.0
판매직 종사자	1,092	2.5	729	1.5	-363	-33.2
기타서비스직 종사자	1,846	4.3	1,028	2.2	-818	-44.3
기타	14,144	32.8	16,349	34.4	2,469	-52.3
전체	43,094	100.0	47,417	100.0	4,323	10.0

출처_2020년 상반기 보험사기 적발통계, 금감원, 2023

팬데믹으로 인한
이커머스(e-commerce)
시장의 급성장

에피소드

김 대리는 오늘도 시름에 빠진다. 추석 명절 증후군에서 헤어 나올 시간도 없이 밀려드는 한복 환불로 골치가 아프다. 김 대리는 고객센터에서 판매자 상담팀을 총괄하고 있다. 구매자와 판매자의 사이에서 '반품해 달라', '반품 못 한다'를 조율하는 것은 쉬운 일이 아니다. 판매자와의 언쟁으로 상담사들의 불만은 폭발 직전이다. 고 팀장이 달려와 말한다.

고 팀장 대리님~ 이거 너무 심각해요! 판매자가 더는 환불을 못 해주겠다네요. 불만처리 부서로도 몇 건이 넘어갔던 판매자인데, 이번에는 사용 흔적이 있는데도 억지주장하며 환불 요청한다고 구매자의 고의성을 참아내는 건 더는 못 하겠대요.

김 대리 대체 몇 건이길래, 그래요?

고 팀장 이 판매자만 다섯 번째예요. 사진 찍어서 보내줬는데 입은 흔적이 있다고…. 한복에 립스틱이 약간 묻어있어요.

김 대리 구매자는 뭐라는데요?

고 팀장, 처음부터 묻어있어서 반품하는 거라고 하죠. 몇 건은 불만처리 부서 넘겨서 우리가 한복값 물어주고 반품 처리했어요. 그런데 이제는 판매자가 너무한 거 아니냐는 거예요. 코로나19로 장사도 안 되는데 소비자가 한복을 추석에 입고 반품한 게 누가 봐도 맞는데 어디까지 처리해줘야 하냐며 불만이에요.

김 대리, 사람들이 진짜···. 아무리 불경기라지만 어떻게 이럴 수가 있지?

고 팀장, 그러니까요. 추석 때 한복 안 입는다고 어떻게 되나? 형편이 안 되면 입지를 말지. 대체 왜 이런데요?

　쇼핑몰의 판매자 센터에서 근무하는 김 대리는 골머리가 아프다. 요즘 들어 상식적이지 않은 클레임이 예전보다 더 많아졌다. 그중 하나가 이커머스 시장의 특성을 악용해 소비자가 일명 시즌 제품을 구매해서 사용하고 가치가 떨어진 시즌 이후에 반품·환불하는 사례였다.

　물론 과거에도 이런 불만 건은 종종 있었다. 그러나 코로나19 이후에는 해도 해도 너무한다는 수준으로 높아졌다. 극한의 경제 상황과 장기불황으로 인한 심리적인 불안감은 소비자의 윤리 의식에도 영향을 주는 듯했다. 상식적이지 않은 행태가 늘어나며 상담사들도 심리적인 스트레스를 호소했다.

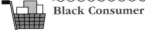
1. 이커머스(e-commerce) 시장의 성장 추이

　〈감정노동자 보호법〉 시행 이후에 지속되는 코로나19 상황으로 팬데믹 시대가 열리며 장기불황 상황이 나타나자 블랙컨슈머는 또 다른 형태로 성장했다. 지금까지는 블랙컨슈머의 모습을 드러내고 악성의 의도로 고의적인 보상을 요구했다면, 이제는 한 발 뒤에 숨어서 보이지 않게 대중적이고 합법적인 선상에서 좀 더 빈번하고 교묘한 수법을 사용하기 시작한 것이다. QR코드의 블랙컨슈머는 음시을 돈을 내고 구매하는 것이 아닌 배달기사라 말하며 가져간다. 과거 블랙컨슈머가 앞에서 활동했다면 현재의 블랙컨슈머는 확실히 음지에서 불법의 선을 넘는 방식으로 활동하고 있다.

스마트폰과 태블릿 PC가 보급되고 팬데믹으로 인한 이동의 제한과 전염병에 대한 두려움이 증가하며 소비 욕구가 이커머스 시장으로 옮겨졌다. 삼성증권 포트폴리오 전략팀의 자료에 의하면 2019년 3조 5천 달러 규모였던 이커머스 시장이 팬데믹이 시작된 2020년에 4조 2천 달러, 2021년에 4조 9천억 달러, 2022년에 5조 6천 달러로 급성장했다. 2023년 전 세계 이커머스의 소매 분야 시장 규모는 전체의 22%인 6조 5천 달러 규모까지 성장할 것으로 전망하고 있다.

| 표 8 | 전 세계 이커머스(소매 분야) 시장 규모 및 이용률 추이

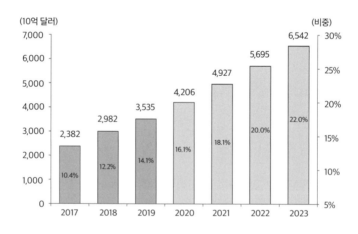

출처_eMarketer(2019.05), 삼성증권 포트폴리오전략팀

그러나 급성장에는 항상 성장통이 따르기 마련
이다. 이커머스 시장의 성장은 실물을 보지 않은 상
태에서 구매하고 보지 않은 상태에서 반품이나 교
환을 진행하는 이른바 블랙컨슈머를 성장시키기에 유리한(?) 조건을
갖추고 있다.

| 그림 2 | 전체 이커머스 판매액 중 모바일 매체를 통한 판매액 비중

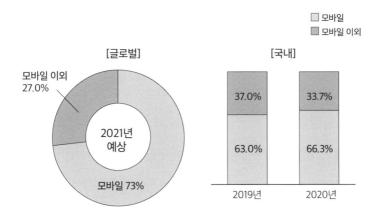

출처_Statista(2019.05), 통계청(2020.04), 삼성증권 포트폴리오전략팀

2. 추석 이후 한복 환불, 휴가 뒤에 수영복 환불

이커머스 업계의 직원들은 시즌 이후에 반품이나 환불에 시달리고 있다. 명절 이후에는 한복, 여름휴가 이후에 수영복이나 물안경과 같은 수영 장비, 스키 시즌 이후에는 스키복과 스키 장비 등이 이에 속한다. 특별한 시즌에만 필요한 물품을 구입해서 이용하고 '제품 하자'를 주장하며 반품·환불을 요구하는 사례이다.

이런 경우는 판매자의 '새 상품을 제공했다', '구매자가 사용하고 반품했다'는 의견과 구매자의 '사용 흔적이 있는 제품을 보냈다', '사용하지 않았다'는 의견 사이에서 혼란스러워진다. 대부분의 이커머스 업계는 판매자와 구매자의 불만을 전담으로 처리하는 부서가 별도로 설치되어 있다. 그러나, 불만처리 부서에서 처리할 수 있는 수준의 불만 건은 구매자와 판매자 사이에 분쟁이 일어나면 반품 택배비를 이커머스에서 부담하고 처리해 주는 수준이다.

위의 분쟁은 판매자는 새 제품을 보냈는데, 중고가 되어 돌아왔으니 상품가격에 대한 보상을 요구하고 구매자는 중고 상품을 보냈으니 전체 상품의 환불을 요구한다. 그러니 상품의 일부 수수료를 받는 이커머스 업계에서 소비자와 판매자 모두 상품가격을 내놓으라는 식의 불만 건은 골치 아픈 사례이다. 구매자와 판매자 모두 고객인 이커머스 회사의 특성상 이러한 분쟁을 최소화하기 위해 판매자로 입점하기 전에 분쟁을 최소화하는 데 필요한 내용을 판매자에게 교육한다. 그러나 사전 교육과는 별개로 불만 건은 계속 발생하기 마련이다.

과연 누구의 말이 진실일까? 최근에는 블랙컨슈머를 대비해 포장 과정을 녹화하는 판매자가 많아졌다. 이렇게 증거자료가 있으면 판매자는 피해를 최소화할 수 있다. 이커머스 회사에서는 판매자의 증거자료로 소비자에게 처리가 어려움을 설득할 수 있다. 그러나 증거자료가 없는 상태에서 구매자의 불만이 심한 경우에 이커머스 업계의 특성상 판매자 측의 편에서만 설 수 없다. 블랙컨슈머와의 분쟁 최소화를 위해 계속 강조하지만, 누구의 편도 들기 힘든 이런 경우에는 증거만큼 중요한 것은 없다.

3. 이커머스 분쟁 해소 방안 제시

그렇다면 이커머스 분쟁은 어떻게 풀어나가야 할까?

첫째, 판매자는 고객불만 건을 최소화하기 위해 포장 과정 전체를 녹화하는 CCTV를 설치한다.

판매자의 CCTV는 단순히 포장 과정을 녹화하는 것만으로는 부족하다. 상품 상태를 눈으로 훑을 수 있게 보이고 포장하는 과정을 모두 녹화한다. 포장 직원이 많을 경우, 대기업의 생산설비에 직원의 이름이 찍히는 것처럼 직원명을 스티커로 부착하자! 추후에 증거를 찾을 때 빠르게 진행할 수 있을 것이다.

둘째, 상품 상세페이지에 경고 문구를 넣자!

CCTV로 포장 과정을 녹화하고 있음을 고지하고 무분별한 반품에 대해 허용하지 않음을 경고 문구를 넣자. 여기에 블랙컨슈머는 감정노동자 보호법의 적용을 받는다는 내용까지 포함한다면 효과가 더 클 것이다. 블랙컨슈머라면 이런 판매자의 물품을 피할 것이다.

셋째, 전화상담 ARS에 '감정노동'에 관한 문구를 넣자!

개인 판매자라 생각하고 전화했으나, ARS가 나온다면 전문 업체라 생각할 수 있다. 블랙컨슈머는 작은 업체를 더 선호하는 경향이 있다. 실제로 많은 컨설팅 현장에서 전화상담의 녹취 여부와 ARS의 진행 여부에 따라 고객 반응이 다른 것을 확인할 수 있었다. 블랙컨슈머로부터 보호할 개념으로 ARS 활용을 추천한다.

넷째, 본사의 공지 사항을 확인하자!

이커머스와 관련해서 판매자가 알아야 할 기본지식은 주로 본사에서 공지한다. 본사의 공지 내용을 귀찮다고 지나쳐버리면 놓치는 내용이 있을 수 있다. 고객 물품을 빠르게 판매하는 것만큼 공지 사항에 대한 숙지도 중요하니 근무 전에 시간을 내 한번쯤 읽어보자.

다섯째, 이커머스 관련 기사를 살피자.

이커머스와 소비자의 분쟁이 날로 심각해지자, 공정거래위원회는 이를 보완할 방안을 각 업체에 지시했다. 다양한 방안을 모색하고 있으나, 현재 법적인 조치와 기준안이 무엇인지 기본적으로 판매자는 인지하고 있어야 한다. 관련 보도와 기사를 가끔이라도 살피는 것이 좋을 것이다.

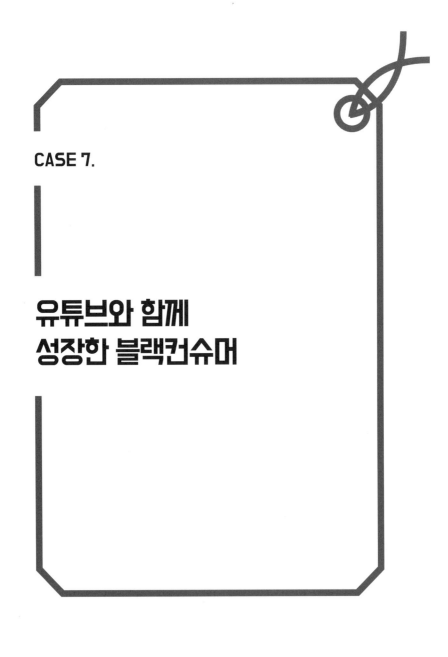

CASE 7.

유튜브와 함께
성장한 블랙컨슈머

에피소드

A 씨는 오늘도 유튜브 검색 중이다. 얼마 전 동네 설렁탕 가게에서 설렁탕을 먹다가 철 수세미가 나왔다고 불만을 제기해서 경찰서에 다녀왔다. 그가 철 수세미를 넣은 장면이 CCTV에 포착된 것이다. 법원으로부터 '업무방해'로 300만 원의 벌금 명령을 받았다. 이에 격분한 A 씨는 어떻게 보상금을 탈 수 있는지 검색하면 CCTV가 있는지 확인했어야 했는데 바보 같은 자신을 탓한다. 다음은 CCTV가 없고 주인장이 만만해 보이는지 먼저 살필 셈으로 친구에게 전화를 건다.

A 씨, 잘 지냈어?

B 씨, 응. 그렇지, 뭐! 자네도 잘 지내지?

A 씨, 아니, OO 사거리에 있는 OO 국밥집 있잖아. 거기서 설렁탕을 한 그릇 먹었는데, 설렁탕에서 철 수세미가 나왔어.

B 씨, 철 수세미? 요즘에도 그런 집이 있어?

A 씨, 그러니까 말이야! 그래서 경찰에 신고했는데 엄하게 나한테 벌

금이 나온 거야! 세상이 정말 말세야! 설렁탕에 파 넣는 장면을

보고 철 수세미를 넣었다는 거야? 다들 정신병자라니까….

B 씨, 뭐 그런 일이 다 있어? 억울했겠어!

A 씨, 억울해서 잠이 안 온다니까! 살펴보니 입구에 CCTV가 있는데,

오른쪽 자리는 CCTV가 안 잡히더라고…. 유튜브 보니까 CCTV

가 없으면 증거가 없어서 나한테 덮어씌울 수 없더라고!

B 씨, 아무리 그래도 CCTV에 안 찍힌다고 일부러 철 수세미를 넣을

수는 없지!

A 씨, 자네 코로나19 이후로 쉰다고 하지 않았어?

B 씨, 맞아! 사는 게 사는 게 아니야! 앞으로 어떻게 살지 막막하네!

A 씨, 내가 방법을 알려줄 테니까 보상금은 반반 나누는 거 어때?

코로나19로 인한 경제적인 어려움과 미래에 대한 불안감의 급증은 악의적

인 소비자 행태를 증가하는 요인으로 작용했다. 집 안으로 들어간 사람들이

유튜브에 더 집중하며 좋은 정보뿐 아니라 악의적인 정보도 공유하게 되었다.

과거에는 그래도 견딜만했던 CCTV도 없는 작은 가게의 자영업자들은 고스

란히 블랙컨슈머의 타격 대상이 되었다. 실제로 이들은 더 빈번히 그리고 더

악의적으로 작은 음식점을 대상으로 이런 행위를 이어가고 있다.

Black Consumer

1. 자영업자를 울리는 블랙컨슈머

한 식당에서 손님이 먹던 음식에 고의로 이물질을 투입하고 구청 위생과에 신고하는 사건이 발생했다. 문제는 이와 비슷한 사건이 최근 과거에 비해 더 높은 빈도로 일어나고 있다는 점이다. 사건 대부분은 비슷한 패턴을 이루며 반복적으로 진행되고 있다.

첫째, 국물이 있거나 내용물이 복잡한 설렁탕, 국밥, 삼계탕 등의 가게에서 식사하며 이물질을 투입하고 불만을 제기한다.

둘째, 24시간 운영하거나 국물이 있는 음식을 판매하는 음식점의 특성상 깍두기와 같은 특수한 반찬을 다수의 고객이 공유하는 경우가 있는데, SNS에 반찬을 재사용한다는 등의 악성 내용을 담아 협박하는 사례이다.

셋째, CCTV가 없는 소형 음식점을 중심으로 돌며 불만 내용이 담긴 후기를 자신의 블로그나 SNS 올리는 등 반복적인 불만을 제기하며 보상금을 타내는 사례이다.

과거 중소기업의 악성 클레임에 대한 대응 방법은 대부분 '그대로 수용한다'는 것이었다. |그림 3|에서 중소기업의 악성 클레임에 대한 대응 방법을 살펴보면 무려 83.7%가 블랙컨슈머의 요구를 그대로 수용한 것을 알 수 있다. 14.3%만이 법적으로 대응했을 뿐이다. 물론 과거에 비해 자영업 점주의 법적 대응 수치는 올라가고 있다. 그러나 그에 비해 그만큼 블랙컨슈머의 불만제기 횟수도 증가하고 있다.

|그림 3| 중소기업의 악성 클레임에 대한 대응 방법

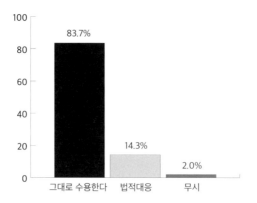

출처_대한상공회의소, 2013

식약청의 〈이물질 종류별 신고현황〉을 살펴보면 머리카락이나 철수세미와 같은 기타 이물에 대한 신고가 2021년에 1,843건으로 증가한 것을 볼 수 있다. 아시다시피 2020년에는 대부분의 식당이 배달업무만 하던 때임에도 불구하고 1,596건이나 접수되었다.

| 그림 4 | 이물질 종류별 신고현황

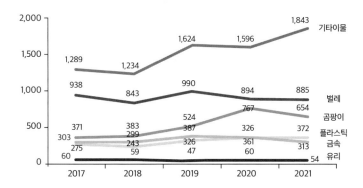

출처_식품의약품안전처, 2022

이 장의 상단에 표기된 QR코드의 기사를 살펴보면 최근 해당 구청 위생과에 이물질 신고가 증가하고 있다는 것을 알 수 있다.

2. 첨단 이물분석기법으로 이물질 클레임 해소

블랙컨슈머의 이물질 횡포로부터 기업을 보호하기 위해 세스코는 2016년 'CESCO 이물분석 서비스'를 오픈하고 시험에 대한 품질 시스템과 기술력에 대하여 한국인정기구(KOLAS)로부터 공신력을 인정받아 국제 공인시험 기관으로 인정되었다.

이후에 다양한 기업과 소비자의 분쟁 사건을 맡아 이물 혼입 사고로부터의 피해를 줄이고 예방하기 위해 노력하고 있다. 분석 대상은 곤충류 이물, 동·식물성 이물, 곰팡이 이물, 무기성(돌, 금속, 유리 등) 이물, 유기성(플라스틱, 고무, 단백질, 당 성분 등) 이물 등이 있으며, 이물 상태에 따라 분석 방법과 비용이 달라지니 더 자세한 내용은 고객센터에 문의하자!

기업의 세스코 이물분석 이용 사례를 예로 들면 다음과 같다.

쿠팡에서 구매한 소고기에서 벌레가 나왔다고 소비자가 신고했다. 쿠팡은 해당 상품을 회수에 이물 검사를 진행한 결과, 벌레가 아닌 소고기 원료용 고기의 근조직인 것으로 판명되었다.

유명 패스트푸드점에서 감자튀김을 먹던 손님이 벌레 사체로 보이는 이물이 나왔다고 주장했다. 매장은 해당 이물을 세스코 이물분석센터에 의뢰했고, 감자튀김 과정에서 발생한 탄화물인 것으로 확인되었다.

　실제로 앞의 에피소드에서 고객이 자기 머리카락을 설렁탕에 집어넣었다면 그것이 누구의 머리카락인지 '이물분석 서비스'를 이용한다면 쉽게 규명할 수 있다. 우리는 4차 산업혁명의 시대에 살고 있다. 누군가 주장하는 대로 받아주기보다 그 주장의 사실 여부를 확인할 방법이 있다면 그것을 이용하기를 권한다.

3. 음식점 분쟁 해소 방안 제시

그렇다면 음식점 분쟁은 어떻게 문제를 풀어야 할까?

첫째, 이물질이 있다고 불만 제기하는 고객의 고의성이 다분히 보이는 경우 협상보다 경찰에 신고하자!

작은 음식점 사장님은 불만고객에게 식사비를 받지 않거나 약간의 보상을 제공하는 등 대부분 '금전적인 보상'으로 협상하고 끝냈다. 골치 아프고 시끄럽기 때문이다. 장사하는 것도 바쁜데 이런 일에 집중하면 장사를 제대로 할 수 없다. 그러나 이것이 오히려 블랙컨슈머의 행태를 키우는 결과를 낳았다. 그들은 이런 행동의 결과에 대해 서로 정보를 공유하며 다음 행태의 계획을 논하기에 이르렀다. 이런 블랙컨슈머의 행태를 근절하기 위해서라도 경찰에 신고해 분쟁을 해결하기를 권한다.

둘째, 증거자료(이물질)를 확보하자!

사건이 장기화하고 복잡해지면 증거는 굉장히 중요한 역할을 한다. 경찰 신고를 권유하는 것은 증거 확보, 증거 보관 등 자료가 남기 때문이기도 하다. 이것을 사용할 일이 없으면 더 좋겠지만 늘 만약에 대비해야 한다. 누가 알겠는가? 블랙컨슈머가 생각 없이 자기 머리카락을 설렁탕에 집어 넣었는지 말이다. 머리카락이든 철 수세미든 내 가게의 물건과 같은 물건인지는 증거가 말해준다. 그러니 증거자료를 최대한 확보하자!

셋째, 세스코의 '이물분석 서비스'를 이용하자!

증거를 확보하고 경찰을 대동한 상태에서 세스코의 '이물분석 서비스'를 이용하겠다고 고객에게 말하자! 가게의 물건인지 고객의 물건인지 알 수 있다고 한다면 그쯤에서 고소를 취하할 수도 있다. 이물 클레임에서 고객의 이물로 판명된 사례가 많다는 것을 인지하자!

넷째, CCTV를 설치하는 것이 좋다.

'OO 고객님! 일부러 음식에 이물질 넣는 장면을 캡처해서 올립니다. 그렇게 살지 마십시오!' 한 식당 사장이 SNS에 올린 글 중 일부이다. 일부러 작은 가게를 찾은 손님이 CCTV가 있으리라 생각하지 못하고 자기 머리카락을 넣는 장면을 노출했다. 증거는 생각보다 사건을 쉽게 해결하는 Key가 된다. 증거 확보를 위해 CCTV 설치는 기본임을 잊지 말자!

다섯째, 소비자와의 대화는 항상 녹음하자!

해당 장소에 내가 있는 상황이라면 상대방 동의 없이 녹취해도 법원에서 증거자료로 인정받을 수 있다. 평소 휴대전화 기본화면에 자주 사용하는 앱으로 녹음 앱을 꺼내놓고 블랙컨슈머가 의심된다면 바로 녹음 버튼부터 누르자! 가장 중요한 핵심 자료는 증거이다.

여섯째, 이러한 내용을 직원에게 교육하자!

나의 영업장 안에서 일하는 직원이라면 위의 내용을 미리 인지하도록 교육해야 한다. '감정노동자 보호법'이 시행된 이후에 사장인 나도 직원의 감정노동을 보호해야 할 의무가 있음을 잊지 말아야겠다.

9   471254 005678

PART 3

•

블랙컨슈머 vs 기업
누가 블랙인가?

CASE 8.

배달 전용 음식점의
위생 배신

에피소드 내용은 가상으로 특정 단체나 기업과 관련이 없음을 알립니다.

김 대리는 오늘 저녁으로 떡볶이를 먹으려고 요즘 인기인 로제 떡볶이를 배달 앱으로 주문했다. 평소에 자주 먹던 가게라 퇴근하는 길에 받아 가면 배달비를 줄일 수 있어 방문 포장으로 주문하고 찾으러 갔다.

김 대리, 안녕하세요~

직 원, 네~ 휴대전화 뒷자리가 어떻게 되시나요?

인사하는 사이, 김 대리는 자기 눈을 의심하지 않을 수 없었다. 앞에 버젓이 간이용 침대가 널브러져 있었다. 매트와 이불은 몇 년을 빨지 않은 듯한 찌든 때가 배어 있었다. 냄새가 나지 않는데도 찌든 냄새가 나는 듯한 느낌에 김 대리는 눈살을 찌푸렸다. 친구가 방문해도 저 정도 이불이라면 창피해야 할 텐데 직원은 아무렇지도 않은 듯이 자기 일을 계속했다.

김 대리, 4850이에요.

직 원 아! 로제 떡볶이 시키셨군요? 다 되었는데, 잠시만요!

밖에서 안이 들여다보이지 않게 벽 전면에 선팅지를 붙여놓아 몰랐는데 안은 음식점이라고 할 수 없을 정도의 위생 상태였다. 바닥은 언제 쓸었는지 알 수 없는 시멘트 바닥에, 사막에나 나뒹구는 회전초처럼 먼짓덩어리가 반 공중에 떠 굴러다니고 있었다. 더러운 간이침대 옆에는 중고 시장에서 팔 법한 조그마한 컴퓨터가 한 대 놓여 있었다. 자판 하나하나에도 찌든 때가 묻어있다. 시멘트벽 쪽으로 화구가 몇 개와 식당용으로 보이는 대형 냉장고가 덩그러니 있을 뿐이었다. 주위를 둘러보는 김 대리에게 직원은 맨발에 슬리퍼를 찍찍 끌고 나오며 비닐봉지를 내밀었다.

직 원 로제 떡볶이 여기 있어요.

김 대리 아, 네! 감사합니다.

맨발이던 직원의 발톱에 때가 낀 것처럼 입맛이 확 떨어졌다. 김 대리는 배달 떡볶이를 더 이상 주문하지 않았고 다음부터는 배달전문점인지 아니면 실제 운영하는 음식점인지 확인하고 주문하게 되었다.

1. 배달 전용 음식점의 심각한 위생

코로나19로 사람들이 집에 칩거하는 기간동안 배달 전용 음식점이 우후죽순처럼 늘어났다. '배달전문점 창업'이 검색창에 인기 검색어로 오를 정도이다. 매장을 하나 계약해서 바깥에서 보이지 않게 사면을 선팅하고 안에는 배달 앱을 확인할 컴퓨터와 음식을 보관할 냉장고, 요리할 가스레인지와 프라이팬 몇 개 정도만 갖추면 되었다. 배달 음식이기 때문에 포장에 드는 비닐과 포장재는 대량으로 구매하니 단가도 낮았다. 그리고 배달은 배달 앱을 통해 수수료 정도만 지불하면 되었다.

이렇게 고객이 방문하는 매장처럼 예쁘게 인테리어를 꾸미지 않아도 되니 창업비용이 거의 들지 않는다는 장점 덕분에 코로나19로 경제적 타격을 받은 많은 사람이 배달 전용 음식점 개업을 선택했다. 어떤 사람은 가게를 개점하지 않고 아예 집에서 음식을 만들어 배달하기도 하는 등 기존 음식점의 인테리어부터 위생까지 다양한 측면에서 요구했던 모든 것을 생략할 수 있게 된 셈이다. 자금도 부족하고 시간도 급한 코로나19 시국에 배달전용 음식점은 환영이었다. 비용이 적게 드니 합리적인 가격으로 음식을 판매할 수 있었고, 집에서 즐길 외식 거리가 필요했던 대중의 니즈에 받아들여졌다.

통계청 자료에 의하면 배달 음식의 온라인 거래액은 코로나19로 인한 격리가 시작되기 전인 2019년도 9조 7천억 원에서 2020년도 17조 3천억 원, 2021년 25조 6천억 원으로 한 해에 거의 두 배 가까이 성장했다. 기존에 음식점에 방문해서 식사하던 것을 선호하던 구매자에게 코로나19는 음식을 구매하는 패턴을 변화시키기에 충분한 요인이 되었다.

|표 9| 음식 서비스 온라인 거래액 추이(단위:백만 원)

연도	2017	2018	2019	2020	2021	2022
금액	2,732,568	5,262,777	9,735,362	17,334,238	25,678,335	26,033,863

출처 통계청

배달 음식 시장의 급성장은 배달 전용 음식점의 증가로 또 다른 문제를 야기시켰다. 위생관리가 되지 않은 배달 전용 음식점의 음식에서 다양한 이물질이 나오기 시작한 것이다. 심한 경우에 식중독까지 발생했다. 코로나19로 격리되다시피 했던 대중은 처음에는 몰랐다. 리뷰에 불만을 제기하거나 사진을 찍어 올렸으나 곧바로 삭제되거나 사과로 처리하는 등 기록은 사라졌다.

그러다 몇 년 후에야 배달 전용 매장의 실태가 대중에게 드러나기 시작한다. SNS를 통해 마라탕 업체부터 김밥 가게까지 위생점검이 시급한 배달 전용 매장의 상태가 공유되기 시작했다. 사태는 누가 봐도 심각한 수준이었다. 식품의약품안전처 등 국가에서 이러한 배달 전용 매장의 위생점검을 시작했다. 그러나, 코로나19 이후로 갑자기 증가한 업체를 모두 점검하기에는 인력과 시간이 부족했다. 지금도 계속 위생관리를 하고 있지만, 배달 전용 매장의 위생 문제는 아직도 이슈로 남아있다.

2. 공유주방의 심각한 위생

공유경제(Sharing Economy) 서비스의 한 분야인 공유주방(Shared Kitchen)은 '주방 설비 기기가 갖춰진 공간을 여럿이 함께 사용함으로써 비용을 낮추고 효율성을 높이는 시스템'을 의미한다. 과거 저녁 시간대에 주로 이용하는 맥줏집을 점심시간에 백반집으로 활용하던 예처럼 다양한 식당이 한 공간을 이용하는 것을 의미한다.

공유주방은 하나의 주방을 주야간으로 구분하여 두 개 업체가 번갈아 사용하는 '시간 구분형' 방식과 동일 시간대에 여러 업체가 사용하는 '동시 사용형' 방식이 있다. 그러나 주방은 아무래도 식자재를 다루는 곳이다 보니 교차오염 등 감염병에 취약해서 보통 주방보다도 위생에 더 힘써야 한다. 그런데도 동시에 여러 업체가 사용하다 보니, 각자가 주인 의식을 가지고 관리해야 한다.

그러나 하루하루가 바쁜 자영업자에게 말처럼 쉬운 일이 아니었다. 한 배달 기사가 폐허 느낌이 나는 공유주방을 찍어 올린 사진은 실로 실소를 금 할 수 없을 정도의 위생 상태였다. 주로 관리하는 위생관리책임자를 위임하지만 관리를 지속하기 힘든 구조임에는 분명하다. 이에 2021년부터 국가에서 공유주방에 대한 기준안을 제대로 이수하고 있는지와 현재 위생 상태에 대해서 점검 및 단속하고 있다.

‖ 공유주방, 배달음식점 위생 단속 ‖

사태가 심각해지자 식품의약품안전처에서 배달
플랫폼 업체 대표자와 간담회를 열고 배달 전용 음
식점의 위생 수준을 향상하기 위한 협력을 논의했

다. 배달 앱을 이용하는 업체에서 이물질이 나올 경우 '소비자 이물
신고'를 식약처에 바로 통보하며 해당 음식점의 행정처분 이력을 소
비자가 배달 앱에서 확인할 수 있게 했다. 또한 '음식점 위생등급 지
정업소 표출'로 소비자가 음식점의 위생 수준을 확인할 수 있도록 반
영했다.

이외에도 특별사법경찰과 함께 각 지방자치단체
에서 배달 전용 음식점과 공유주방에 대한 주기적
으로 점검을 시행해 안전관리와 위생 단속을 강화

하겠다고 발표했다.

CASE 9.

제품 불량의 증명은
누구의 몫인가?

2000년대 초반, 김 대리는 OO 텔레콤의 불만부서 팀장이다. 어제도 만났던 A 고객을 오늘도 경찰과 함께 만나 이야기를 나누고 있다. A 고객은 지역과 관계없이 자기 휴대전화만 수신이 잘 안되는 문제로 한 달 전부터 불만부서에 접수되었다.

고 객, 왜 내 전화만 안 터지냐고? 어디를 가나 내 것만 안 터지는데 그게 왜 기계 문제야! 새로 산 기계가 문제고 너희 기지국은 괜찮다는 걸 어떻게 믿어?

김 대리, 그런데, 고객님! 주변의 다른 기기는 전화가 잘되지 않습니까? 고객님 전화만 안 되니 이게 저희도 참 난감합니다.

실제로 같은 기지국 전파를 사용한다고 해서 같은 지역의 모든 휴대전화가 같은 전파를 잡는 것은 아니다. 전파 값에 따라 전파의 강도가 다르고 기기에 따라 선호하는 전파가 있어 매우 많은 변수가 발생한다. 그러나 대체로 같은 지역에서 다른 기기는 잘 이용되지만, 특정 기기만 이용이 안 될 때 기기 불량을 안내하고 있었다. A 고객은 이 문제로 거의 한 달째 OO 텔레콤에 출근하다시피 했다.

고 객, 야이, OO! 기기업체에서는 기기 불량이 아니라고 하고, 텔레콤에서는 기지국 문제가 아니라고 하고…. 한국소비자원에서는 서로 협의하라 하고 네가 이 기계 가져가서 써라!

고객은 바닥에 전화기를 내동댕이치며 욕설과 함께 소리 지르기 시작했다. 마지막 말은 '오늘 너 죽고 나 죽자'였던 것 같다. 결국 바닥에 머리를 박기 시작한 고객은 출동한 경찰과 함께 119구급차를 타고 병원으로 실려 갔다.

결국 기기를 새 걸로 교체해 드렸고, 전파상 이상이 아니라는 회사 측 주장과는 달리 이후에는 통화가 잘 되었다. 복잡하고 민감한 기기와 전파 사이의 문제를 기기업체 A/S 직원이나 OO 텔레콤의 기지국을 고치는 운영팀 직원의 수준으로는 확인하지 못한 셈이다. 기기나 기지국을 만든 연구원 정도가 왔다면 해결되었을까? 어찌 되었든 새 기기가 전파를 잘 잡은 덕인지, 전파가 새 기기를 더 좋아한 탓인지 모르겠지만, 문제는 그렇게 해결되었다.

1. 새 차의 불량 입증

새 차가 나올 때마다 원인을 알 수 없는 자동차의 불량에 대해 크고 작은 불만 사례가 함께 따른다. 소비자들의 자동차 불량에 관한 정보를 공유하는 카페에서는 어느 차종이 특히 이런 불만 건이 많으니 구매에 주의하라는 의견을 나누기도 한다.

새로 나온 수소연료전지 자동차를 구매한 A 씨는 구매하고 2주 만에 경고등이 떠서 서비스를 요청했다. 경고등이 뜨면 2~3km밖에 달릴 수 없을 뿐 아니라 출력 제한도 있어 여러모로 정상적인 자동차 사용이 곤란한 상황에 놓이게 되었다. 서비스센터에서 부품을 교체한다는 말을 듣고 새 차에 중요한 부품을 교체할 수 없다고 소비자가 거부한다. 이에 자동차 회사에서는 진단장치를 달고 운행을 권하지만 이마저도 소비자가 거부하고 국토부에 민원을 넣었다. 회사는 다시는 해당 회사의 자동차를 구매하지 않겠다는 조건에 동의하면 환불해주겠다는 답변을 한다. 해당 회사는 소비자의 서비스 요구 수준이 높아 충족시키기 어려운 점이 있어, 이렇게 답변했다고 발표했다.

이번에는 소비자의 관점에서 살펴보자. 차를 구매하는 것은 인생의 큰일 중 하나이다. 그도 그럴 것이 아직도 우리나라는 차를 사면 집을 살 때와 마찬가지로 작게라도 고사를 지낸다. 그만큼 큰마음을 먹어야 구매가 가능한 물건이다. 그런데 구매하자마자 2주도 되지 않아 부품을 교체해야 한다면 탐탁지 않은 것이 당연하다.

또한, 자동차는 일반 소비자가 구조를 이해하기에는 매우 복잡한 제품이다. 대기업의 AS는 대부분 매뉴얼대로 진행하며 그래도 안 되면 부품 중 하나를 교체하는 정도의 수준으로 진행된다. 이것은 빠르고 정확한 AS 서비스를 제공하고 이직률이 높은 AS 직원을 보완하기 위한 대기업의 선택이었을 것이다. 그러나 제품에 대한 AS 직원의 얕은 지식에 관한 피해는 오롯이 소비자에게 향하고 있다.

당신이 새 차를 샀는데 원인을 알 수 없는 오류가 계속 발생해서 새 차로 교환을 요구했다면 당신은 블랙컨슈머인가? 아니면 환불해줄 테니 다시는 우리 회사 제품을 구매하지 말라는 회사가 블랙 기업인가? 과연 누가 블랙일까?

단순히 뉴스에서 제공된 정보만으로 사례를 구현하는 것이므로 소비자나 기업 중 누구의 편을 들고자 하는 것이 아님을 다시 한번 말한다. 다만, 자동차와 같은 복잡한 제품에 대한 오류를 증명해야 할 의무는 기업에 있어야 한다. 이런 기본적인 의무가 간과되었을 때 우리는 소비자의 권리를 누리기 힘들어진다.

2. 새 차 불량에 대한 분쟁 해소 방안 제시

그렇다면 새 차 불량의 분쟁은 어떻게 해결해야 할까?

첫째, 기업에서 오류나 고장을 증명하기 위한 최소한의 과정에 되도록 소비자가 협조할 필요가 있다.

부품교체를 거부했을 때, 진단장치를 달고 운전할 것을 권했다. 소비자가 이에 협조해서 어떤 오류인지 확인이 되었다면 같은 문제를 겪을 다른 소비자에게 도움이 되었을 것이다. 오류를 확인하고 새 차로 교체를 요구했다면 어땠을까? 누구의 귀책인지 따지기 이전에 소비자와 판매자는 서로의 의견을 공유하도록 협조하는 것이 좋다. 소비자는 자기 의견도 중요하지만, 기업과 함께 상생하는 방법을 찾는 것도 중요함을 잊지 말자!

둘째, 자동차, 노트북, 휴대전화처럼 기술이 복잡하고 고가인 제품을 판매하는 회사는 소비자의 제품 이상이나 오류, 하자에 대한 문의에 관해 일정 수준 이상의 양식으로 답할 의무가 있다.

같은 회사 제품이 해외 판매제품과 국내 판매제품의 품질이 다르다는 비교 영상이 유튜브에 많다. 이제 애국심을 말하며 국내 기업 제품을 선호하는 시대는 지났다. 대기업의 긍정적인 성장을 위해 기술을 판매하는 회사는 기술에 대한 최소한의 사회적 책임을 지녀야 한다. 소비자의 불만행동에 집중해 정작 기업의 도의적인 면을 회피해서는 안 될 것이다.

셋째, 문제가 해결되지 않은 상태에서 고객의 요구가 계속된다면 블랙컨슈머라고 보기는 힘들다.

복잡하고 까탈스러운 고객을 차단하는 기업의 태도에 관한 기사를 심심치 않게 접할 수 있다. 앞서 블랙컨슈머의 정의에서 보았지만 같은 문의를 고의로 반복해서 업무방해 하는 유형도 블랙컨슈머이다. 그러나 이 경우는 다르다. 고객의 문제가 해결되지 않아서 재문의하는 것이다. 작동 오류나 이상 현상에 대해 소비자의 요구를 어떤 방식으로든 해결방안을 제시해야 하는 것 또한 기업의 의무이다.

넷째, 소비자보호법에 대한 강화가 필요하다.

한국은 대기업을 위한 성장 위주의 경제사회였다. 이런 환경에서 소비자의 권리는 상대적으로 힘을 발휘하지 못했다. 그러나 이제 변화하고 있다. 변화에 발맞추어 소비자보호법의 강화도 필요하다. 소비자에 대한 법적인 보호와 기준이 명확하다면 누군가는 소리 지르거나 욕설할 필요가 없어질 것이다. 이는 블랙컨슈머의 근절을 위해서도 꼭 필요하다.

다섯째, 기업은 깐깐하게 따지는 소비자의 의견에 관심을 기울여야 한다.

깐깐한 소비자의 말에 귀를 기울이면 개발자도 모르는 오류를 잡아낼 수 있다. OO 텔레콤 정문을 벤츠로 들이박은 사건은 공개되지 않았지만, 담당자도 모르는 해외 로밍 오류를 발견하게 했다. 몇 번을 얘기해도 자기 말을 이해하는 담당자가 없고 서로 다른 답변을 한다면 화나지 않겠는가? 깐깐한 소비자 의견의 효과는 뒤에 언급한 VOC의 효과이기도 하다.

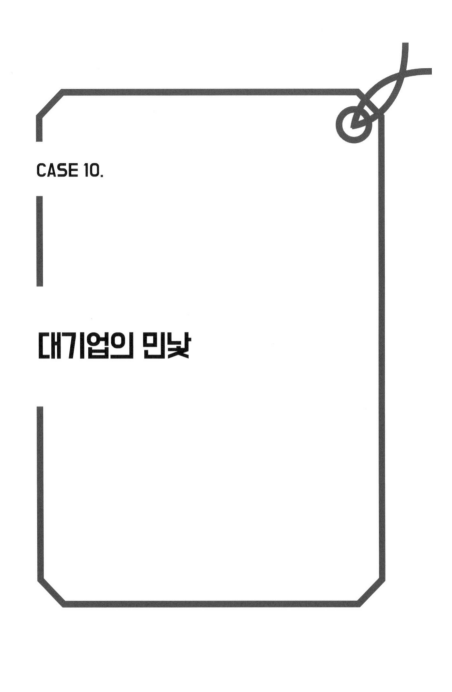

CASE 10.

대기업의 민낯

에피소드 내용은 가상으로 특정 단체나 기업과 관련이 없음을 알립니다.

김 대리 동생은 대기업의 협력 업체로 취직했다. 대기업에서 출자한 장애인 표준사업장으로 해당 기업 출신의 사장이 운영하고 있었다. 보통 이런 경우 자회사의 성향이 강해 복지며 시설이 괜찮을 것 같았다. 업무는 이 회사의 휴대전화가 출시하기 전 가장 먼저 액정과 앱에 대한 오류를 테스트하는 것이었다. 우리 가족은 대기업과 연관된 회사니, 열심히 하라며 동생을 격려했다.

몇 달 뒤, 동생과 점심을 먹으려고 회사 근처에 들렀다.

동 생 여기는 일이 두서가 없어. 하루에 처리하는 양이 있는데, 팀장이 좋아하는 사람한테는 덜 주고 싫어하거나 신입사원한테는 많이 줘서 6시까지 못 끝내고 연장근무를 해야 해.

김 대리 어디든 쉬운 일은 없어. 여기만 그런 게 아니라 사회생활이 다 그래.

입사한 지 얼마 되지 않아 과한 업무량으로 하루에 2시간 이상 연장을 해서 힘들어했다. 장애인 회사인데 이렇게 연장이 많아도 되나 싶은 생각이 들었지만, 쉬운 일이 어딨겠냐며 격려하고 들여보냈다. 그런데, 얼마 지나서 더 충격적인 말을 들었다. 기숙사에 쥐가 있다, 공동으로 사용하는 세탁기에 누가 똥을 싼 채로 세탁기를 돌려서 똥 냄새가 난다, 동생이 보내온 급식 사진은 건더기 없는 된장국에 김치 반찬이 전부였다. 언니와 나는 경악을 금치 못했다. 동생에게 퇴사를 권유했지만, 늦은 나이에 들어간 첫 직장이라 다음 회사가 결정되기 전까지 그만두지 않겠다며 한사코 거절했다.

그런데 더 당황스러운 이야기는 그다음이었다. 장애인만 다니니 몸을 자유롭게 움직이지 못해 휠체어를 타는 중증 장애인도 있는데, 기숙사를 돌보거나 청소해주는 사람이 없다는 것이다. 결국 중증 장애인 중 한 사람의 방에 빈대가 생겨 모든 기숙사 사람이 퇴실하고 소독하는 사태가 발생했다.

동 생, 중증 장애인이 묵는 방인데, 빈대가 생겼대서 가 봤는데 한쪽 벽이 빈대로 시커멓게 변했어. 저건 소독 한 번으로 없어지지도 않는데⋯. 짐 안에 들어가면 다른 곳으로 옮길 수도 있다는데 미치겠어.

동생이 보낸 사진에는 한쪽 벽 위쪽으로 시커멓게 빈대들이 자리 잡고 있었다. 태어나서 빈대를 본 적이 없던 나는 놀랐다는 말로는 표현이 어려울 정도의 충격을 받았다. 몇 년째 근무하는 동생의 룸메이트 말에 의하면 1~2년에

한 번은 이렇게 소독하는 일이 발생했다고 한다. 결국 기숙사의 모든 사람은 주변 고시원으로 대피해야 했다.

145조 원의 현금성 자산이 있는 대기업이 출자한 장애인 표준사업장의 실태가 이렇다니! 믿을 수 없었다. 장애인에 대한 최소한의 인권은 없었으며, 최저임금 받으며 휴대전화가 출시되기 전 오류 사항을 최소화하기 위한 기계 중 일부로 취급받는 듯했다. 노동법이나 인권에 대한 목소리가 나오면 팀장은 이렇게 말했다고 한다.

팀 장 우리는 노동법이 적용되는 회사가 아니야! 사회복지법인이라서 노동법이 적용되지 않는다고…. 신고하고 싶으면 신고하라고 해!

장애인 표준사업장을 운영하면 해당 기업은 장애인을 채용하지 않아도 된다. 이런 이점을 위해 장애인 표준사업장을 만들고 장애인을 학대에 가깝게 대우하는 기업은 어떠한가? 이번 Case에서는 기업의 윤리경영이란 어디까지를 의미하는 것인지 생각해보려 한다. 윤리적인 기업이 윤리적인 소비자를 만든다면, 윤리적인 기업은 어디까지 윤리적이어야 할까? 윤리적이지 않다면 이들은 블랙컨슈머처럼 블랙 기업에 속할까?

1. 항의하는 소비자는 블랙컨슈머?

블랙 기업은 좁은 의미에서 노동자에게 가혹한 노동을 착취하는
기업을 의미하는 용어로 사용되고 있다. 그러나 이 책에서는 깐깐한
소비자를 블랙컨슈머 취급해 퇴출하는 기업의 의미로 확대해서 사용
하고자 한다. 여기에서 다루는 예시는 인터넷 기사에서 발췌한 내용
이다. 해당 기사의 문제해결 과정에서 소비자가 기업 담당자에게 어
떤 불만행동을 했는지는 확인할 수 없어 해당 기업이 블랙 기업이라
는 의미는 아니니 참고하자.

다만 여기에서 말하고자 하는 것은 블랙컨슈머와 블랙 기업 사이
의 간극이 얼마나 가까운지를 보여주고자 함이다. 법안을 마련해 이
들을 중재하거나 중립의 기준으로 삼아야 함을 강조하고자 한다.

‖ 빵에서 제습제 알갱이 ‖

한 백화점의 베이커리 제품에서 '제습제' 알갱이
가 나왔다. 40대 여성 A 씨는 33개월 된 딸이 빵을
먹던 중 제습제 알갱이를 발견하고 백화점 측에 항
의했다. 그러자 '식음료 책임자'가 전화해 원하는 금액을 제시하라고
했다. 이물질 보고 사건의 최근 증가 추세로 이물질에 대해 불만 제기
하는 A 씨를 블랙컨슈머로 생각한 것이다.

‖ 'dog=개구리'라는 영어 프로그램 ‖

직장인 B 씨는 160만 원 상당의 영어 프로그램
을 구매했다. 사용에 불편을 느낀 B 씨는 회사에 반
품을 상담했고, 회사는 프로그램 내 다른 공부법을
권유하며 더 사용하기를 권했다. 이렇게 사용하던 B 씨는 'dog=개구
리'라는 어이없는 번역 오류를 확인하고 문제를 지적했다. 곧바로 답
변을 주겠다던 회사는 아무런 연락이 없었고, 무려 네 차례나 전화한
끝에 책임자와 통화할 수 있었다. 책임자의 답변은 "문제가 있는 프
로그램은 회사 프로그램이 아니라 B 씨가 불법으로 내려받은 프로그

램"이라며 B 씨를 고소하겠다고 했다. 이후에 B 씨의 항의로 회사 측은 고객 응대에 문제가 있었다는 점을 인정하고 해당 담당자를 추가 교육하겠다고 답했다.

‖ 상한 게맛살 먹고 천만 원 배상한 소비자 ‖

30대 여성 C 씨는 지난해 10월 16일 편의점에서 유통기한이 20일까지인 게맛살 제품을 구매했다. 다음 날 저녁 제품을 개봉해 흘러나온 국물을 마셨

는데 상했다는 느낌이 들어서 내용물은 먹지 않았다. 하지만 밤새 구토, 설사 증상으로 병원 응급실에 갔으며 급성위염과 결장염 진단을 받았다. C 씨는 제품을 들고 가서 환불을 요청했고, 마트 직원은 환불과 함께 병원 영수증을 사진으로 보내달라고 했다. 마트는 제조사인 기업으로 이 사건을 넘겼고, 기업에서 한 차례 방문해서 사건 경위를 조사하고 돌아갔다.

그리고 12월 C 씨는 해당 기업으로부터 고소장을 받았다. 소비자는 보상을 요구하지 않았으며 진정성 있는 사과를 기대했다고 주장하나, 기업은 여러 차례 사과와 협의를 진행했지만, 보상 관련 협의가 어려워 소송을 진행했다고 주장한다. 결국 법원은 C 씨의 급성위염

과 결장염이 해당 제품에 의한 것인지 확인이 어렵다며 기업의 손을 들어줬다. C 씨가 구매 후 바로 먹지 않고 제품을 보관했는데 어떤 방법으로 보관했는지 확인이 어렵다는 이유도 있었다. 이에 따라 C 씨는 반소 비용, 원고 변호사 비용, 치료비 등으로 1,000만 원에 달하는 금액을 책임지게 되었다.

‖ 멤버십 혜택은 내 마음대로! ‖

통신사의 멤버십 혜택에 대한 논란은 어제오늘 얘기가 아니다. 통신사는 지금까지 멤버십 혜택을 마음대로 조정해 왔다. ○○ 통신사는 올해 들어 멤버십 혜택을 줄였다. 연간 12회 영화 관람 무료 혜택을 연 3회 무료와 1+1 예매 9회로 변경했다.

D 씨는 당사의 고객센터에 항의했다. 상담사는 약관상 멤버십 혜택이 의무 사항은 아니라며 양해를 구했다. 재차 항의하자 D 씨에게 일정 기간 요금 할인 등의 보상안을 제시했다. 해당 관계자는 고객센터 보상안은 블랙컨슈머 등 일부 고객에 대한 개별 조치라고 했다.

‖ 1인분 주문에 많이 주고 영수증엔 2인분 ‖

곱창집에서 고기를 주문한 E 씨는 "주방 삼촌이 손이 커서 고기가 많이 담겼는데 드시겠냐?"는 주인의 질문에 감사하다고 인사하고 먹었다. 나오며 영수증을 본 E 씨는 깜짝 놀랐다. 영수증에는 1인분이 아닌 2인분으로 표기된 것이다. 사장은 양이 많다고 알려줬으니 2인분으로 계산하는 것이 맞는다며 2인분 가격을 내라고 강요했다.

E 씨는 차라리 사과했다면 괜찮았을 텐데, 오히려 화를 내며 먹었으면 당연히 돈을 내라는 말은 소비자를 기만하는 행위 아니냐며 사기나 다름없다고 분통을 터뜨렸다.

‖ 햄버거에서 벌레 나와 ‖

20대 여성 K 씨는 집 근처 유명 패스트푸드 가맹점에서 배달시킨 햄버거를 먹다 2.5cm의 집게벌레를 발견했다. 매장에 항의했으나 매장 측은 그럴 리 없다며 K 씨를 블랙컨슈머 취급했다. 권선구청은 식약처로부터 사건을 배정받아 현장을 점검하고 철저한 확인 절차를 진행하기로 했다.

블랙컨슈머에 대한 논란이 이슈가 되고 감정노동자 보호법이 시행되면서 블랙컨슈머를 사회의 악으로 보는 인식이 생겨났다. 물론 악의적으로 누군가에게 돈을 뜯어내려는 행태는 불법이며 비난받아 마땅하다. 그러나, 기업과 소비자 사이에 '악의성'의 모호함이 있는 경우가 분명 존재한다.

여기에 소개한 사례의 기업이 블랙 기업이라는 의미는 아님을 다시 한번 강조한다. 소비자의 클레임 과정을 모르는 상태에서 블랙컨슈머인지는 기사만으로 확인이 어렵다. 다만, 〈감정노동자 보호법〉 시행 이후에 이런 기사가 많이 나오는 것은 무고한 소비자가 블랙컨슈머 취급을 당하는 사례가 과거보다 많이 발생하고 있다는 것을 의미하지 않을까 하는 의견이다.

예시로 들지 않았지만, 배달 음식에서 머리카락이나 이물질이 나와 항의했다가 블랙컨슈머 취급받은 사례의 기사가 가장 많았다. 이물질 보고 현황에서도 알 수 있듯이 자영업 현장에서 느끼는 이물질에 관한 항의 사례는 더 많을 것으로 보고 있다. 상황이 이렇다 보니 이물질이 나왔다고 말하면 현명하게 처리하기보다 화내고 욕하는 사장님도 간혹 있는데 이런 사례가 블랙 기업에 포함될 수 있겠다. 실제로 '쫓아가다', '리뷰를 지우지 않으면 가만두지 않겠다' 등 사장님이 협박하는 사례가 적지 않은 것으로 확인되었다. 이런 사례만 봐도 화이트컨슈머와 블랙컨슈머 사이에서의 혼란스러움은 기업보다 자영업 사장님들이 더 큰 것을 알 수 있다.

이쯤에서 우리는 아래 사항을 고민할 필요가 있다.

- 기업은 소비자를 무작정 '블랙컨슈머'로 몰아가도 될까?
- 항의하는 고객에게 보상이 이루어지고 항의하지 않는 고객은 그냥 없어지는 혜택은 어떤 의미일까?
- 깐깐하게 소비자로서 받을 권리를 주장한다면 블랙컨슈머일까?
- 소비자로서 자기 입장을 변호하고 그에 따른 피해보상을 요구하는 것도 블랙컨슈머일까?

소비자의 권리가 무엇인지, 착한 소비자와 권리를 주장하는 소비자는 무엇이 다른지, 블랙컨슈머와 화이트컨슈머의 차이점을 정리할 필요가 있다. 기업의 안일한 대응은 화이트컨슈머가 블랙컨슈머로 변모할 수 있다는 점을 늘 간과해서는 안 된다.

2. 블랙컨슈머 취급하는 기업 분쟁 해소 방안 제시

블랙컨슈머 취급하는 기업과의 분쟁은 어떻게 대처해야 할까?

첫째, 증거자료를 가진다.

여러 번 반복했지만, 증거보다 더 확실한 것은 없다. 기업과 이물질에 대
해 논하기 전에 중재 역할을 할 수 있는 기관을 포함하는 것이 좋다. 경찰
에 신고하거나, 소비자원, 세스코와 같은 이물질 분석 기관 등이 그것이
다. 기업에서 이물질을 가져가고 소비자를 블랙컨슈머로 만드는 것을 방
지하기 위함이다.

둘째, 기업과의 대화는 녹음한다.

기업은 소비자의 상담전화를 기본적으로 녹취한다. 증거자료가 기업에만
있다면 기업에 유리하게 적용할 확률이 높다. 서로 공정한 상황이 되어야
하니, 기업에 클레임을 제기하려면 녹음하는 것이 좋다.

두 가지는 특수한 상황에서만 참고하자!
불만제기하기 위한 것이 아닌 소비자를 보호하기 위한 방법으로 사용하길 바란다.

소비자의 작은 손해를 위한 작은 소송

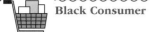
Black Consumer

1. 집단 소송을 허용하지 않는 나라

한국의 대기업은 클래스 액션(class action)의 도입을 반대해왔다. 클래스 액션은 소비자의 대규모 소송을 의미한다. 종종 집단 소송으로 표현하기도 하지만, '집단 소송'은 한 집단으로 묶어서 진행하는 것처럼 보일 수 있어 '대규모 소송'이라는 표현이 더 적합할 것 같다.

세계적인 법학자이면서 미국 연방항소법원 판사 출신인 리처드 포스너는 '클래스 액션'이 필요한 이유는 30달러짜리 소송을 할 소비자가 없기 때문이라고 했다. 그는 소비자가 작은 손해를 입었을 때를 위해 이러한 대규모 소송이 필요하다고 주장했는데, 만약 대규모 소송이 진행되지 못한다면 소비자가 30달러를 위해 소송을 제기하지는 않을 것이고 이렇게 되면 기업은 엄청난 이득을 얻으며 소비자를 기만하는 행위를 하리라는 것이다.

이처럼 대규모 소송은 소비자 배상이 목적이 아닌 기업의 불법을 처벌하기 위한 제도이다.

소비자에게 30달러씩 돌려주는 행위가 중요한 것이 아니라 그런 배상을 진행할 정도의 기업 과실을 한두 번 묵과하다 보면 이것이 쌓였을 때 더 큰 사건으로 발생하는 것을 막을 수 있다. 그런 의미에서 대규모 소송이 기업에 손해를 끼치는 것이라고 말하기 힘들다. 가장 큰 오점을 개선할 기회일 수 있으니 말이다.

2022년 한국 법학계 최고상인 '한국 법학인 법학논문상'을 수상한 논문도 〈클래스 액션〉에 관한 것이었다. 판사 출신인 서울대 법학전문대학원 전원열 교수는 〈집단 소송의 소송허가요건 및 금전배상에 관한 연구〉를 발표했다. 그는 클래스 액션을 도입하기 위한 준비과정이 무엇이 필요하고 우리 실정에 맞는 어떤 점을 수정해야 하는지에 대한 대책을 제시하고 있다.

대규모 소송은 대기업의 반대로 계속해서 무산되고 있다. 우후죽순처럼 잦은 소송이 남발될 것이라는 우려 때문이다. 그러나 생각해보자. 지금까지 대기업은 얼마나 많은 깐깐하게 따지는 소비자의 의견을 묵인해 왔는가? 새로 구매한 자동차의 오류로 계속 교환을 요구한 어느 소비자는 AS 점에서 몇 달째 같은 말만 반복하다 화가 치밀어 본사 앞에서 차를 때려 부수었다. 그제야 새 차로 교환해 주는 기업의 태도는 마치 이렇게 차를 부수어야지만 새 차를 받을 수 있다는 것을 우리에게 알려주는 듯하다.

‖ 집단 소송은 블랙컨슈머를 양성할까? ‖

일본은 2016년도에 소비자 집단소송 제도를 시행했고, 독일, 프랑스, 노르웨이, 덴마크 등 유럽은 물론이고 중국도 이를 도입해 시행하고 있다. 전원열 서울대 교수는 "집단소송은 부정적 외부효과(external costs)와 그 해악을 유발하는 주체에게 내부화(internalize)시킴으로써 자원의 효율적 배분에 이바지하려는 제도이다."라고 표현했다. 이는 기업이 저지르는 잘못을 다시 기업에 되돌려줌으로써 오히려 기업과 시장, 소비자를 건강하게 만드는 제도라는 의미이다.

이번 Case는 소비자나 기업 중 누구의 편을 들고자 쓰는 것이 아니다. 다만, 자동차, 스마트폰과 같은 복잡한 제품에 대한 오류를 증명하는 의무는 기업에 있으며 이점을 간과하면 소비자는 기본 권리를 누리지 못하게 된다.

기업은 언제까지 블랙컨슈머를 양성할 것인가? 2022년 발생한 카카오 시스템 화재로 인해 소비자는 일정 시간 동안 정상적인 서비스를 받지 못했다. 이것은 대규모 소송이 가능했던 대표적인 사건으로 볼 수 있다. 그러나 불이 날 줄 몰랐다는 어처구니없는 회사의 설명과 함께 발표한 보상에 만족하며 지나가야 했다. 그동안 받은 소비자의 피해나 불만은 고스란히 소비자의 몫이며 더 큰 목소리를 내는 사람은 블랙컨슈머로 전환된다. '배달의 민족'은 코로나19로 급성장한 배달업계에서 갑자기 수수료를 인상해 여론의 질타를 받았다. 박봉과 고생스러운 업무에 시달리는 배달 기사와 자영업자의 한숨은 덤으로 지나갔다.

| **참고** | 배민, 자영업자 수수료 올려 4,200억 흑자 파티

지금까지 성장 위주의 경제사회를 살며 우리 사회는 힘없고 작은 소수의 손해를 '희생'으로 포장해 왔다. 그러나 그런 시대는 이제 지나갔다. 한국이 선진국 대열에 들어서기 위해 그리고 물밀듯이 들어오는 해외기업에 대비하기 위해 기업의 오류나 실수를 간과해서는 안 된다. 이제 소비자와 기업 모두의 발전을 위해 소수의 편에도 손들어 줄 법안 마련이 필요하다. 법안이 마련된다면 굳이 소리 지르거나 힘들이지 않아도 소비자의 목소리에 힘이 생기고 힘이 생긴 소비자의 목소리에 기업이 귀를 기울일 테니 말이다.

2. 외국기업에도 적용되는 소비자보호법

　국내 최악의 사건은 '가습기살균제' 사건일 것인가? 대체 이 사건이 언제의 사건인가? 그들이 얼마나 많은 시간 동안 기업으로부터 받은 피해에 대해 얼마나 많은 힘을 들여 고통을 토로해 왔느냐는 상상하고 싶지 않을 정도이다.

　이런 제도적 결함은 피해를 본 소비자에게 이중의 고통을 안겨준다. 처음에는 이성적으로 말하다가 악에 받치면 소리 지르고 욕이 나오기 마련이다. 많은 사람이 다치고 죽었다. 그런데도 이렇게 오래 걸려 피해를 인정받았다는 것은 한국의 법 제도가 얼마나 소비자에게 허술한지를 여실히 보여주고 있다.

　소비자를 보호하는 법안이 시행된다면 어떨까? 해외로 진출하는 국내 기업의 긍정적인 성장을 도모할 것이며, 국내로 들어오는 해외 기업을 견제할 수 있을 것이다. 이것은 국내 기업에만 적용되는 것이 아니기 때문이다. 위의 QR코드는 애플이 구형 아이폰의 성능을 고의로 떨어뜨렸다며 소비자가 집단손해배상 소송을 낸 것의 기사이다. 미국에서 소비자 집단 소송에서는 개인당 25달러를 지급받게 되었고, 34개 주에 총 1억 1,300만 달러를 지급받았다. 칠레에서도 15만 명의 집단 소송에서 25억 페소(약 38억 원)를 지급받았다. 그러나 한국에서는 소비자 6만 2,000명의 집단 소송 1심에서 패소했다.

이런 결과에 대해 한국의 소비자 시장을 바라보는 해외기업의 시각은 과연 어떨까? 모든 사람은 법 앞에 평등하다고 했다. 그러나 미국과 칠레에서도 보상받은 내용으로 한국에서는 보상받을 수 없다면 이것이 공평한 처사인지 모르겠다. 무엇이 다른지에 대해 더 늦기 전에 우리는 스스로 생각하고 고쳐나갈 필요가 있다.

PART 4
•
소비자와 기업에
필요한 상생

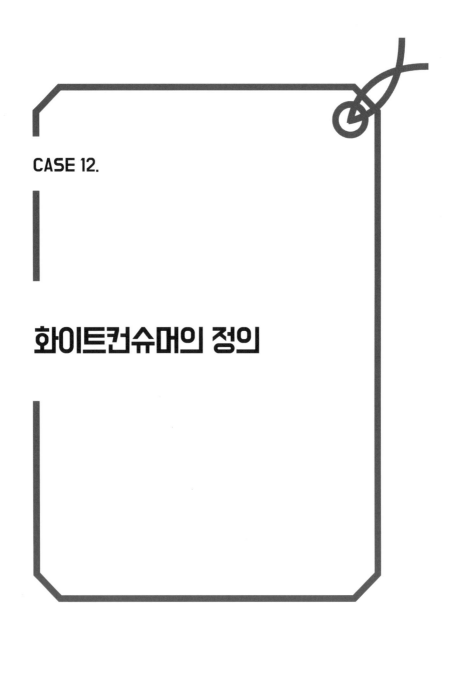

CASE 12.

화이트컨슈머의 정의

에피소드

에피소드 내용은 가상으로 특정 단체나 기업과 관련이 없음을 알립니다.

학생 A는 화이트컨슈머 캠페인에 참여하기 위해 모임에 참석했다. 블랙컨슈머를 우리 사회에서 퇴치하자는 의미에서 좋은 취지인 것 같았다. 모두 모이자, 캠페인을 어떻게 진행할 것인지 등의 주제로 토론이 시작되었다.

학 생B 이번 캠페인의 취지는 화이트컨슈머의 의미를 알리고 블랙컨슈머를 퇴치하자는 의미입니다. 이 캠페인을 시작하기에 앞서 참여자인 우리가 화이트컨슈머에 관해 공부하는 시간이 필요하다고 생각합니다. 의미도 알지 못하고 하는 캠페인은 의미가 없으니까요.

학 생C 네! 좋아요.

학 생B 화이트컨슈머는 '따뜻한 소비자'를 의미합니다. 화이트컨슈머의 의미를 알리기 위한 이번 캠페인은 기업과 소비자의 상생, 소비자의 정직한 권리, 소비자의 발전적 제안 그리고 소비자의 사회적 책임이라는 네 가지 실천으로 건강한 소비문화를 만들어가기 위한 목적으로 진행할 예정입니다. 혹시 궁금하신 점 있나요?

학생A / 블랙컨슈머는 제품을 구매하고 악의적으로 금전적 보상을 요구하는 소비자를 의미하잖아요. 그렇다면 기업이 소비자의 정직한 권리, 소비자의 발전적 제안을 위해 의견을 제시하는 소비자가 화이트컨슈머인지 악의를 가지고 금전적 보상을 위해 접근하는 블랙컨슈머인지 구분할 방법이 있나요?

학생C / 우리는 기업이 아닌 소비자의 관점에서 캠페인을 진행하는 것인데 질문의 취지가 무엇인지 여쭤봐도 될까요?

학생A / 정확한 캠페인 홍보를 위해서 화이트컨슈머의 정의가 명확해야 전달이 가능할 것 같아요. 예를 들어, 제품에 이상이 있어서 소비자의 정직한 권리를 위해 기업에 상세히 의견을 전달했다고 합시다. 그 과정에서 소비자는 기업을 설득하려고 어쩔 수 없이 깐깐하고, 담당자가 바뀌면서 반복적인 이야기를 하게 되죠. 하지만 자기 권리를 위한 주장임에도 기업은 기업 측의 귀책사유가 없다며 블랙컨슈머 취급한다면 어떻게 내가 화이트컨슈머임을 알릴 수 있을까요?

학생D / 학생 A의 의견에 공감해요. 과거에 이런 글이 올라온 적이 있어요. 자동차를 산 어느 구매자가 계속되는 자동차의 오류로 새 자동차로 교환을 요구했지만, 회사에서 거부했죠. 산 지 일주일도 되지 않아 오류가 뜨는 몇천만 원짜리 자동차라니…. 그런데 회사에서는 환불해줄 테니 다른 회사 차를 사라고 했다고 해요. 블랙컨슈머의 퇴치도 중요하지만, 기업에서 소비자의 정직한 권리, 소비자의 발전적 제안을 받아들일 때 함께 성장하는 상생의 사회가 되지 않을까요?

학생B, 물론 학생 A와 학생 D의 의견에 공감해요. 기업에서도 상당 부분 노력해야 하는 사항이 있어요. 국내 기업은 세계화로 이제 세계 기업과 경쟁해야 하죠. 노력하지 않는 기업은 소비자에게 외면당하고 도태될 겁니다. 그러나, 이 캠페인에서 중요한 것은 금전적 보상을 노리는 악의적인 블랙컨슈머 때문에 앞에서 말씀하신 선의의 피해자가 나온다는 관점입니다. 기업도 화이트컨슈머와 블랙컨슈머를 구분해야겠지만, 이에 앞서서 소비자 의식의 변화도 분명히 필요한 항목입니다. 모든 것을 한 번에 바꾼다면 더 좋겠죠. 하지만, 모든 변화는 Step by Step을 거치며 성장합니다. 단계별로 나아가야죠. 오늘 그 변화의 첫발을 내딛는 거로 생각해 주세요.

학생 B가 말을 마치자, 모든 학생이 고개를 끄덕이며 박수를 보냈다. 소비자의 변화가 필요한가? 기업은 소비자를 변화시키고 세계화의 경쟁에서 살아남기 위해 소비자의 작은 목소리를 들을 준비가 되었는가?

1. 화이트컨슈머

화이트컨슈머(white consumer)는 '따뜻한 소비자'를 의미하는 용어로 정당한 권리를 정직하게 챙기는 소비자를 뜻하는 말이다. '블랙컨슈머' 퇴출 운동을 통해 생겨난 용어이다.

화이트컨슈머는 상품이나 서비스의 가치를 중시하며, 윤리적이고 지속할 수 있는 방식으로 소비하며, 단순한 상품의 서비스나 가격, 품질만을 고려하지 않는다. 그것이 어떤 기업에서 어떻게 생산되었는지, 기업이나 제품이 사회에 미치는 영향은 무엇인지 윤리적인 측면과 긍정적인 측면의 가치를 바라본다.

예를 들어, 환경을 보호하기 위한 재활용이 가능한 제품을 사용하거나, 윤리적으로 생산된 상품을 더 선호하는 것이 화이트컨슈머의

특징이다. 과거에 제품의 구매 결정에 가격과 품질, 서비스에 중점을
두었다면 최근에는 인권, 동물복지, 환경보호 등 다양한 사회 이슈를
고려하는 소비 패턴의 소비자를 의미한다.

‖ 화이트컨슈머 활동 예시 ‖

우리가 먹고 마시는 일부 커피와 초콜릿에 아프
리카 어린이들의 노동력 착취가 포함되어 있다는
것은 공공연히 알려진 사실이다. 화이트컨슈머는
계속해서 아동노동 관련 상품을 구매하지 않기를 기업에 권고한다.

제빵근로자의 사망사고가 있고 난 뒤에도 공장
을 가동한 기업에 관한 불매운동도 화이트컨슈머
의 활동이라고 볼 수 있다. 동물보호를 위해 가죽제
품을 구매하지 않는 환경보호 소비자를 포함하는 더 광범위한 소비
패턴이다. 기업이 좋은 제품을 빠르고 저렴하게 만드는 데 집중했다
면 화이트컨슈머의 활동은 생산과정에서 더 올바른 방식을 선택하도
록 권고하는 효과를 낳았다. 자연재해에 발 벗고 나서 기부하는 기업
의 모습은 '기업 이미지'가 얼마나 중요한지를 보여주고 있다.

에피소드 내용은 가상으로 특정 단체나 기업과 관련이 없음을 알립니다.

저녁 뉴스를 보고 윤 대리는 깜짝 놀란다. 회사의 본사 정문을 한 고객이 자기 차로 박았다는 것이다. 블랙컨슈머가 판치는 세상에 정말 미친 사람이 나왔구나 싶었다. 다음날 출근한 윤 대리는 교육 담당자인 김 대리와 이야기를 나눈다.

김 대리 , (한숨 쉬며) 어제 뉴스 봤어?

윤 대리 , 응! 무슨 일이야?

김 대리 , 고객이 열받을 상황이었어. 로밍 고객인데, 로밍센터와 일반센터에 열다섯 번 전화한 거야. 해외에서만 발생하는 오류로….

윤 대리 , 오류? 우리 쪽 잘못이야?

김 대리 , 그런데 이게 희귀한 오류라서 로밍센터와 일반센터에서 아무도 몰랐던 거야. 하물며 로밍센터 상담실장하고도 통화했더라고…. 문제는 고객이 문의한 열다섯 번이 답이 다 달랐던 거야.

윤 대리 , 열다섯 번의 답변이 어떻게 다 다를 수가 있어?

김 대리 , 그러니까⋯. 나 같아도 회사 정문 아니라 어디라도 박았을 거야.

윤 대리 , 그래서 어떻게 됐대?

김 대리 , 본사에서 알아서 수습하겠지. 어떻게 수습했는지까지는 모르지.

소비자의 정당한 권리를 정직하게 챙기기 위해 회사에 소비자로서 의견을 전달한다. 그런데, 회사가 의견을 경청하지 않는다면 소비자는 어떻게 해야 할까? 몇 번씩 설명해도 제대로 된 답을 듣지 못한다면 말이다.

이번 Case에서는 현명한 소비자인 화이트컨슈머에 대해 생각해 보자.

2. 소비자의 노력! 화이트컨슈머 캠페인

화이트컨슈머를 알리는 캠페인이 2018년 홍대입구역에서 대학생을 중심으로 '깨끗한 & 똑똑한 소비자 캠페인'을 만들자는 취지에서 진행되었다. 홍대 주변의 상가에 화이트컨슈머에 대한 팸플릿과 스티커를 배포하며, 이후 행사에서 다양한 소비자의 건강한 인식에 대해서 홍보했다.

화이트컨슈머의 홍보를 위해 시작된 화이트컨슈머 캠페인은 조직위원회를 통해 기업과 소비자의 상생, 소비자의 정직한 권리, 소비자의 발전적 제안
그리고 소비자의 사회적 책임이라는 네 가지 가치의 실천으로 건강

한 소비문화를 만드는 캠페인을 시행하고 있다. 화이트컨슈머 캠페인의 목적은 기업의 약점을 악용하는 블랙컨슈머의 활동을 위축시키고 화이트컨슈머의 의미를 대중에게 알림으로써 건강한 소비문화를 형성하는 데 있다.

| 그림 5. | 화이트컨슈머 캠페인

| 그림 6. | 화이트컨슈머 캠페인 포스터와 스티커

3. 소비자에게 힘을 실어줄 소비자보호법

최초에 블랙컨슈머는 어떻게 시작되었을까?

악의적인 시비가 금전적 보상을 가져다줄 거라는 정보가 없었을 때 말이다. 그들이 소리 지르며 욕하기 시작했는지의 이유를 우리는 생각해 볼 필요가 있다. 그러지 않고는 아무도 그들의 말을 들어주지 않았기 때문이다. 담당자도 자세히 알지 못하는 오류나 결함, 평범하지 않은 이상 증세에 대해 답할 사람이 없었다. 알지 못하는 업무에 대해 직원 대부분은 표준화된 스크립트를 읽었다.

한두 번 물어보다 소비자인 그들도 화가 났을 것이다. 화내고 욕설을 퍼붓자 기업이 금전적 보상과 함께 죄송하다며 소비자의 말을 듣기 시작했다. 그도 그럴 것이 당시에는 기업에도 블랙컨슈머에 대한 정보와 그에 대한 체계적인 응대 매뉴얼이 없었다. 처음 보는 소비자의 불만행동에 담당자는 얼마나 당황했겠는가? 당황한 담당자가 윗사람과 임시방편으로 상의하고 처리했을 테니 그 방법이 얼마나 우후죽순이었을지 상상이 된다.

그러나 화내는 고객에 대한 반복적인 금전적 보상은 그들을 학습시키며 블랙컨슈머로 성장시켰다.

‖ 소비자보호법 ‖

소비자보호법은 전자상거래 및 통신판매 등에 의한 재화 또는 용역의 공정한 거래에 관한 사항을 규정함으로써 소비자의 권익을 보호하고 시장의 신뢰도를 높여 국민경제의 건전한 발전에 이바지함을 목적으로 하는 법률이다.

소비자와 판매자(기업)의 분쟁에 대한 역할을 하기 위한 기관 중하나가 한국소비자원이다. 그러나 고객 접점에서 13년을 근무한 필자의 경험에 의하면 금융감독위원회, 정보통신부, 신문고 등 여러 기관 중 가장 힘이 약한 것이 한국소비자원이다. 같은 소비자 불만 건이라 할지라도 금감원이나 정통부, 신문고에 접수된 건과 한국소비자원에 접수된 건의 결과가 다를 수 있다. 중요한 것은 이런 기업의 사정을 블랙컨슈머는 이미 알고 있다는 것이다.

소비자가 언성을 높이거나 화내지 않아도 기업이 소비자의 목소리를 들을 수 있는 강화된 소비자보호법이 필요하다. 한국소비자원이 소비자와 기업 사이에 중재 역할을 하는 것이 아닌 기업이 소비자의 정당한 요구를 들어주게 하는 소비자의 힘(Power)이 필요하다. 정당한 소비자를 위한 소비자보호법의 강화는 블랙컨슈머를 잠재우고 화이트컨슈머의 힘을 기를 수 있게 할 것이다. 감정노동자 보호법이 시행된 것처럼 소비자보호법에도 소비자의 기본적인 권리를 누릴 수 있는 세부 법안이 시급하다.

  또한 블랙컨슈머를 퇴치하기 위해 중요한 것은 소비자의 인식변화도 있지만, 무엇보다 폭언·폭행하는 고객을 위주로 보상하는 것이 아닌 스마트한 소비자를 위한 정책을 제시하는 기업의 태도 변화도 필요하다.

CASE 13.

기업의
블랙컨슈머 응대 방안

1. 블랙컨슈머와의 협상을 중단하라!

블랙컨슈머가 성장하며 더 이상 당하고 있을 수만은 없었던 기업
도 블랙컨슈머를 연구하기 시작한다. |표 9|의 〈불만고객에 대한 기
업의 대응방안〉을 살펴보면 불만고객의 불만행동을 멈추기 위해 조
도, 고객상담실 내 조명 교체, 불만고객 전담팀을 만들어 고객을 응대
하며 심리적인 진정을 위한 많은 노력을 기울인 것을 볼 수 있다. 현
재 기업 대부분은 불만고객을 응대하는 전담팀을 운영하며, 고객이
통상적인 상담사의 수동적인 답변이 아닌 1:1 맞춤형 답변을 받도록
불만고개 전담팀을 교육·훈련하고 있다. '불만고객 응대 스킬'이 포함
된 교육과정에 참석하는 인원이 보통 불만고객 전담팀이나 교육팀이
다. 불만고객 응대는 법적인 조치 등 객관성을 유지해야 하는 것도 있

지만, 불만고객에게 휘둘리지 않고 팀장이 주도적으로 대화를 이끌어야 해서 상담사보다 고도의 커뮤니케이션 스킬이 필요하다. 기업은 불만고객 담당자의 교육을 위해 상담사보다 더 많은 교육비용을 투자하고 있다.

| 표 10 | 불만고객에 대한 기업의 대응방안

기업명	대응방안
A 전자회사	· 전담 대응팀 · 10회 이상 부당한 요구 시 고소고발
LG	· 폭언 · 폭행 시 경찰협조 요청 · 불만고객 전담팀
KT(케이티스)	· 삼진아웃제 - 폭언 · 폭행은 법적대응까지 가능 · 불만고객 전담팀
SK텔레콤	· 휴대폰 114 업무방해 정도로 자주 접속 시 114 접속차단 타 연락처로 시도 시 내용증명 발송 등 법적조치 · 불만고객 전담팀
현대백화점	· CCTV 확대 설치, 카피녀 환불 거절 안내문 고지
롯데백화점	· 불만처리위원회 TF팀, 고객상담실 내 내실 설치, 조명 교체
신세계백화점	· 브랜드 측에 환불 결정 여부 확대
갤러리아백화점	· 고객 상담 시 조도 400~500렉스에서 150렉스로 낮춤 · 내실 설치
홈쇼핑 5개사	·'회사의 건전한 경영과 서비스 운영을 방해하는 경우에 회원 자격을 박탈할 수 있다'고 규정

기업 상황에 따라 대응 방안은 변경될 수 있음

2. 상생을 찾아가는 기업의 아이디어

기업의 블랙컨슈머에 관한 고민은 이제 하나, 둘 아이디어로 연결되기 시작한다. 그중 하나가 조건 없는 교환·환불이다. 만족스럽지 않을 경우, 묻지도 따지지도 않고 다시 돈을 내어 주겠다는 것이다.

‖ 신선식품 무조건 바꿔준다 ‖

이마트는 신선 제품에 대해 신선보장제도를 전 국으로 넓힌다고 밝혔다. 신선보장제도는 고객이 물품을 받아보고 신선하지 않다고 느끼는 경우 무 조건 교환·환불이 가능하다. 마트 관계자는 신선보장제도로 변경한 이후 재구매율이 무려 80%로 올라갔다고 밝혔다. 또한, 블랙컨슈머가 생길 것이라는 우려와는 달리 반품률은 증가하지 않았다.

‖ 묻지 마 환불 ‖

이커머스 기업 쿠팡은 '묻지 마 환불'로 반품 규정을 신설한다고

밝혔다. 해당 기업은 유료 멤버십 회원의 반품과환
불이 증가해 골머리를 앓고 있었다. 변경된 약관은
반품 및 교환이 불가능한 상품을 반품하는 경우 거
절 혹은 판매가의 일정 비율의 금액(구매 비용)을 지급하는 조건으로
회사가 재구매할 수 있다고 규정했다. 이 과정에서 회사가 해당 상품
에 대한 구매를 결정하면 반품된 상품의 상태를 검수해 구매 비용을
결정하고 이때 반품 환불은 고객이 지급했던 원 결제 수단을 이용해
지급하도록 정했다.

이렇게 변경한 이유에 대해서 해당 기업은 유료 회원을 대상으로
무료 반품·환불 서비스를 제공해 왔으나, 블랙컨슈머들이 이를 악용
해 부당이득을 취해왔다는 것이다. 이제 새로운 약관으로 개정해 블
랙컨슈머를 차단하고자 한다.

3. 기업의 성숙한 블랙컨슈머 응대

분유 회사의 분유통에서 녹가루가 나왔다며 소비자가 신문고에
청원하는 글을 올렸다. 해당 소비자는 안전 캡 아래에 녹가루가 번
져 아이가 위장염과 결장염에 걸렸다며 100억에 달하는 금액을 피

해보상으로 요구했다. 이에 해당 회사는 "공정 과정에는 문제가 없었으며, 가습기나 소량의 물방울로도 분유통은 쉽게 녹슬 수 있다."라고 해명하고 홈페이지에 전 생산 공정 및 시스템에 대해 검증받은 결과 녹슨 캔은 원천적으로 생산될 수 없다는 공식 입장을 밝혔다. 이외에도 식약처를 통한 검사와 병원 진단서의 소견을 확인해 드렸으나, 100억대의 돈을 요구하며 협박하는 소비자에게 홈페이지를 통해 '블랙컨슈머에 대한 적극적이고 공정한 대응으로 소비자와 제품을 지키겠다'는 의사를 표명한다.

과정이야 어찌 되었든 100억대의 금전적 보상을 요구했다는 것은 상식 이하이다. 이는 해당 소비자가 블랙컨슈머라고 말할 수 있는 근거가 된다. 이물질에 대한 과거의 사건으로 O 라면에 바퀴벌레가 들어갔다고 주장한 사건은 그해에 해당 라면회사의 불매운동이 일어나 업계 부동의 1위였던 매출을 2위로 끌어내렸다. 6개월 후에 바퀴벌레는 제조과정에서 인입된 것이 아닌 소비자의 집에 사는 바퀴벌레 종으로 판명되었지만, 해당 기업은 매출에 받은 타격을 이듬해까지 복구하지 못했다. 우리가 생각하는 것보다 이물질 사건에 의한 기업의 피해 금액은 환산할 수 없을 정도로 크다. 이런 이유로 그동안 기업은 안암리에 블랙컨슈머와 거래를 해왔다.

그러나 이제 더 이상 블랙컨슈머와 협의해서는 안 된다. 분유 회사 사건에서도 볼 수 있듯이 이들의 요구는 눈덩이처럼 불어났다. 그러니 더 이상 블랙컨슈머와 적은 금액으로라도 협의해서는 안 된다. 지금 당장은 담당자가 더 힘들 수 있지만, 우리 사회에서 블랙컨슈머를 단절하는 과정에 꼭 필요한 내용이다.

물론, 블랙컨슈머와 일정 부분의 보상 없이 협의한다는 것은 매우 어려운 일이다. 그리고 소비자가 받은 피해에 대한 보상 없이는 처리가 어려운 건도 있다. 모든 불만고객에게 협의 사항으로 보상을 제공하지 말라는 것이 아니다. 그러나 불만고객을 담당하는 팀장이라면 어떤 의미인지 알 것이다. 블랙컨슈머는 다르다. 불만을 제기하는 과정이나 요구하는 수준이 평범하지 않다. 블랙컨슈머와 협의하는 것을 중단하는 기업의 노력이 소비자와 기업이 상생하기 위한 첫 번째 노력이 될 것이다.

고객의 목소리를 듣는 다양한 방법(VOC)

1. 고객의 목소리를 듣는 고객경험관리(CEM)

지금까지 기업은 깐깐하게 따지는 소비자의 의견에 귀 기울이기 보다 목소리가 크고 소리 지르는 고객의 의견에 임시방편으로 금전 적 보상을 제공해 왔다.

이제 반대로 해야 한다. 전 세계의 기업과 경쟁하는 기업은 소비자 와 함께 상생하기 위해 소비자의 목소리를 들어야 한다. 현재 기업은 고객관계관리(CRM) 경영전략에서 고객경험관리(CEM) 경영전략으 로 바뀌고 있다. 고객의 클레임(claim)이 아닌 고객의 작은 의견에 귀 를 기울이고 이를 다음 경영전략에 세심하게 반영하는 방식을 취하 는 것이다. 그것이 다변화되는 시장에서 기업이 살아남는 방법이다.

‖ 고객경험관리란? ‖

CRM 경영전략에서 일반적인 대화인 쌍방향 커뮤니케이션으로 소비자와 소통했다면, CEM 경영전략에서는 소비자의 생각과 느낌을 파악하는 데 중점을 두고 단계적으로 고객 DB를 구축하고 상호작용하는 커뮤니케이션 방식으로 변화한다. 고객의 의견을 단순화하고 그중 가장 많은 다수의 의견으로 경영전략을 세우던 CRM과 달리 CEM은 고객 의견 하나하나를 경영에 반영하고자 노력한다.

CEM의 대표적인 사례는 세계 일류의 음악회장이자 음향 기술의 결정체로 불리는 카네기 홀(Carnegie Hall)의 사례이다. 카네기 홀도 처음부터 지금과 같은 명성이 있었던 것은 아니다. 고작 80회의 연주회를 하는 평범한 연주회장이었다. 카네기 홀 경영진은 고객의 작은 의견에 집중해 모든 것을 보완해 갔다. '고객이 콘서트에서 얻는 경험은 무엇일까?', '콘서트홀에 들어갈 때와 나갈 때 고객은 무엇을 느끼는가?', ' 연주회 막간에 고객은 무엇을 하는가?' 이러한 고민에 대해 의견을 조사하고, 결과를 개선해갔다. 연주회 막간에 고객이 자주 이용하는 칵테일바에 좌석을 더 많이 배치해 쉬는 시간에 고객이 더 효율적으로 사용하게 하고, 콘서트 막간을 이용해 주차장에 다녀오는 고객을 위해 엘리베이터 속도를 더 빠르게 했다. 쉬는 시간에 음악회 프로그램을 읽도록 조명을 더 밝게 그리고 안내 책자 글씨를 더 크고

가독성이 높게 그러나 문구는 화려하지 않게 조정한다. 그 결과, 연간 80회였던 연주 횟수는 500회로 늘어났고, 현재 카네기 홀의 명성을 얻을 수 있었다.

‖ 고객경험관리의 touch point ‖

고객경험관리(CEM) 경영전략은 고객 의견을 수치로 계산하는 것이 아닌 '어떤 것이 불편했는가?', '무엇을 원하는가?'에 초점을 맞추고 그것을 기업이 능동적으로 개선하는 것이다. CEM 경영전략은 고객이 브랜드와 만나고 접촉하는 접촉점에서 마케팅 커뮤니케이션의 90%가 발생한다고 보았다. 이때의 접촉점인 'touch point'에서 발생하는 고객 목소리를 경영전략으로 스토리텔링하는 것이다.

|그림 6|의 〈커피전문점의 서비스 청사진〉은 연구자 양일선의 커피전문점 터치 포인트를 도출한 서비스 청사진이다. 서비스 접점에서 상호작용을 '고객 행동', '종업원 행동'으로 나누어 과정을 하나하나 도식화했다. 환경은 외부 환경부터 점포 환경까지 세부적으로 살폈으며, 서비스 접점의 결과까지 주사하는 세신함을 보인다. 고객은 이 과정에서 어느 포인트의 의견이라도 제공할 수 있으며, 세부적인 의견을 다음 경영에 적용하는 것이 바로 고객경험관리인 CEM이다.

| 그림 7 | 커피전문점의 서비스 청사진(CEM)

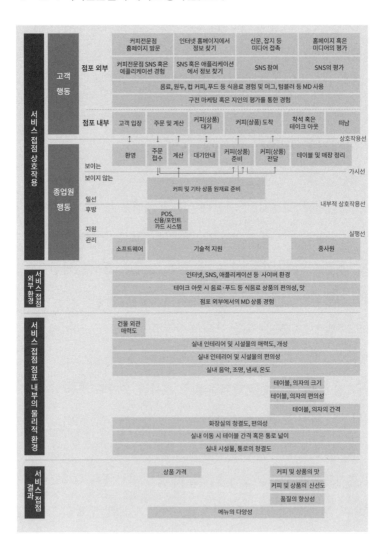

출처_고객경험 분석을 통한 커피전문점 서비스 중점관리요인 도출, 양일선 외, 2014

150

맥도날드는 몇 해 전부터 CEM 경영전략을 광고에 사용하고 있다. 맥도날드의 광고에서 패스트푸드의 고정관념을 깨고 고객에게 더 신선한 햄버거를 제공하기 위한 기업의 노력을 그대로 전달하기를 원했다. 패티 육즙을 위해 그릴을 몇 mm 간격으로 만들었으며, 햄버거의 아삭함을 위해 양상추를 몇 겹 넣었고, 맛의 조화를 위해 소스를 몇 g 담았는지 상세히 알려준다.

이러한 기업의 노력은 기존 패스트푸드에 대한 대중의 시선을 바꾸기에 충분하다. 패스트푸드는 몸에 좋지 않고, 대충 만들지만 빠르게 제공된다는 기존의 고정관념을 깨고 고객이 원하는 하나하나를 정성으로 만든다는 이미지를 주기 위해 노력하고 있다.

2. VOC는 화이트컨슈머의 목소리!

기업의 고객 접점(MOT)에는 대부분 VOC 시스템이 구축되어 있다. 다만, 이용하는 사람이 거의 없을 뿐이다. 소비자가 상담사와 같은 고객 접점의 직원에게 개선요청 사항을 알리면, 상담사가 상사에게 내용을 정리해서 올리고 상사가 본사나 시스템에 접수해야 VOC에 접수된다. 이렇게 다양한 사람의 에너지가 필요한 VOC의 기존 방식은 소비자의 목소리가 원활하게 접수되는 데 장애로 작용했다. 스마트폰과 앱을 통해 고객 접점이 확장된 기업은 이를 활용해 VOC를 수집하고 있다.

‖ 스마트폰으로 수집하는 VOC ‖

각 기업은 VOC의 수집을 위해 본사의 앱을 활용한다. 스타벅스는 고객경험관리 경영방식에 대한 소비자의 의견을 듣는 것을 '고객 경험 설문조사(Customer Experience Survey)'로 부르며 스타벅스 APP 사용 고객을 대상으로 상시로 진행하고 있다. 마찬가지로 맥도날드는 설문조사를 위한 별도의 앱을 만들었다가 기존 맥도날드 앱 안에 〈마이 보이스〉를 통해 설문에 참여하는 것으로 변경해 접근성을 높였다. 소비자의 참여를 촉진하기 위해 설문 조사자에게 스타벅스는 별을 제공하고 맥도날드는 음료를 제공하는 등 나름의 노력을 기울이고 있다.

카톡을 연동하는 방식도 있다. 삼성이나 LG는 AS를 경험한 고객에게 카톡을 통해 설문조사를 진행하고 추첨을 통해 음료 쿠폰을 제공하는 등의 서비스를 나눈다.

KB 금융은 이번에 홈페이지를 새로 단장하며 메인에 '고객 경험 새롭게'라는 문구를 넣었다. 다문화 가정이 증가하는 국내 상황을 고려해 영어, 일본어, 중국어 외에 인도네시아어를 추가로 도입하고 MZ세대의 요청이 많았던 '스타 프렌즈' 이미지 소스도 함께 제공하는 갤러리를 열었다.

이처럼 스마트폰이 보급되며 고객의 VOC를 고객에게서 직접 들을 수 있게 된 기업은 다양한 채널을 통해 고객의 목소리를 수집하고 이를 경영에 반영하고 있다.

PART 5

•

확장이 필요한
감정노동자 직업군

CASE 15.

확장이 필요한
감정노동자의 정의

에피소드 내용은 가상으로 특정 단체나 기업과 관련이 없음을 알립니다.

정 대리와 윤 대리는 엘리베이터 앞에 함께 서 있다. 오늘은 '감정노동 강사 과정'의 주제로 워크숍이 있는 날이다.

김 대리, 우리는 감정노동자도 아닌데 왜 교육을 받으라는 거야? 바빠 죽겠는데 이런 데 시간을 써야 해?

윤 대리, 감정노동자가 아니야? 난 감정노동자인 거로 알고 있는데….

김 대리, 무슨 소리야? 지난번 뉴스에서 보니까 마트나 백화점에서 일하는 비정규직 사원을 감정노동자라고 하던데….

윤 대리, 나야말로 무슨 소리인지 모르겠다. 그럼 항공사 승무원들도 정규직이면 감정노동자가 아닌가?

김 대리, 감정노동자는 비정규직이나 임시근로직을 의미하는 게 아니었어?

윤 대리, 글쎄…. '내가 느끼는 진짜 감정과 다른 감정을 직업상 표현해야 하는 상황' 이런 업무가 40% 이상인 직업을 감정노동자라고 하던데…. 그럼, 우리도 포함되지 않아?

김 대리, 우리가 감정노동자라고?

윤 대리, 고객한테 정 대리님이 느끼는 대로 표현할 수 있나?

김 대리, 음…. 그건 아니지.

윤 대리, 그렇다고 고객한테 화낼 순 없잖아. 그럼 감정노동자 아닌가?

김 대리, 그런 거야? 그럼, 뉴스에는 왜 그렇게 나오는 거야? 난 내가 감정노동자인 줄도 몰랐네!

윤 대리, 아니면, 회사에서 돈, 시간 들여가면서 이런 교육을 하지 않으시겠지요~ 엘리베이터 빨리 타세요!

　감정노동에 대한 강의가 근로자의 자존감과 연결된 것은 실제로 현장에서 알 수 있다. '감정노동자'라는 호칭 자체에 자존심 상한다고 말하며 그렇게 표현하는 것을 자제해달라고 요청하는 사례도 있다. 미디어에서 블랙컨슈머의 악행에 초점을 맞추어 방송하기도 했고, 법안도 서비스업에 집중하다 보니 정작 '감정노동'에 대한 정의도 정확히 알지 못한 채 현업에 필요한 근로자에게조차 무시당하고 있다.

Black Consumer

1. 감정노동 직업군

감정노동의 학술적 의미는 '상대방에게 자신의 감정을 숨기는 것으로 상대방이 원하는 표정이나 행동을 만들어내기 위해 자신의 감정을 관리하는 것'이다. 고용노동부의 '감정노동 종사자 건강보호 가이드'에는 '자신의 감정이 좋거나, 슬프거나, 화나는 상황이 있더라도 사업장에서 요구하는 감정과 표현을 고객에게 보여주는 등을 해야 하는 경우'라고 감정노동을 정의하고 있다. 감정노동 정의에 '상대방' 대신 '고객'의 표현을 사용해 '감정노동자 보호법'이 적용될 직업을 서비스 직업군에 제한한 것이 학술적 정의와 가장 크게 다른 점이다.

감정노동을 최초로 정의한 혹실드는 사회학자로 감정노동을 사회학 개념으로 바라보았다. 사회계층의 하위계층에 속하는 '항공기 승무원'을 대상으로 연구를 진행한 것이 그 이유이다.

| 표 11 | 감정노동을 많이 수행하는 직업 30선

직업 코드	직업명	평균	직업 코드	직업명	평균
1241	항공기 객실 승무원	4.70	0651	물리 및 직업 치료사	4.20
1054	홍보 도우미 및 판촉원	4.60	0291	비서	4.19
1032	통신서비스 및 이동통신기 판매원	4.50	1274	스포츠 및 레크리에이션 강사	4.18
1223	장례상담원 및 장례지도사	4.49	0614	치과의사	4.16
0863	아나운서 및 리포터	4.46	0711	사회복지사	4.16
0181	음식 서비스 관련 관리자	4.44	1233	여행 및 관광통역 안내원	4.15
1154	검표원	4.43	0531	경찰관	4.15
0882	마술사	4.39	1221	결혼상담원 및 웨딩플래너	4.13
1321	패스트푸드점 직원	4.39	0471	유치원 교사	4.13
0282	고객 상담원 (콜센터 상담원)	4.38	0881	연예인 및 스포츠 매니저	4.13
1212	미용사	4.35	1111	경호원	4.12
1034	텔레마케터	4.35	0331	보험 영업원	4.12
0323	출납창구 사무원	4.34	0721	보육교사	4.12
0675	응급구조사	4.34	0631	약사 및 한약사	4.11
0641	간호사 (조산사 포함)	4.33	1231	여행상품 개발자	4.10

출처_KRIVET Issue Brief, 2013, 26호

다양한 직업에 관한 감정노동 연구가 진행되었지만 혹실드의 '감정노동' 도서가 국내에 판매되며 '감정노동=서비스직'이라는 인식이 생겨났다. 그러나 |표 9|와 같이 감정노동은 여러 사람을 대하는 다양한 직업군에서 나타난다. 특히, 인생의 큰일이라고 불릴만한 대소사와 관련된 직업이 많다는 것은 괄목할만하다. 결혼이나 여행과 관련된 '결혼상담원 및 웨딩플래너', '여행 및 관광통역 안내원', '여행상품 개발자', 병이나 죽음과 관련된 '응급구조사', '간호사', '보험 영업원', '경찰관', '사회복지사', '장례상담원 및 장례지도사' 이외에 의사와 약사도 포함되었다. |표 9|가 아니더라도 우리는 경비원과 교사의 자살 사건을 보며 '감정노동'이 '서비스 노동직'에만 국한된 것이 아니라는 것을 충분히 알 수 있었다.

‖ 감정노동 종사자 건강보호 가이드 ‖

고용노동부의 '감정노동 종사자 건강보호 가이드'에서 2017년에는 '고객응대 근로자'에 대한 건강보호 가이드만 기재했으나, 2023년 버전에는 '일반근로자'에 대한 건강보호 가이드도 포함하고 있다. 이는 일반근로자도 업무를 수행하면서 제삼자의 폭언·폭행에 노출될 가능성이 있다는 점을 고려한 것이다. '입주민이 공동주택 경비원에게 휴게시간에 업무 지시하며 폭언함', '원청관리자가 체불임금을 요구하는 하청 직원을 폭행함' 등이 예시로 기재되어 경비원의 자살 사건과 하청업체 직원의 감정노동을 고려한 것을 알 수 있다.

2. 웃어야 하는 것이 감정노동인가?

감정노동 상황은 여러 상황과 다양한 직업에서 나타날 수 있다. 예를 들어, '무엇이든 물어보살' TV 예능 프로그램에 체육 교사 두 명이 나와 아이들을 무섭게 통제하거나 화내야 하는 업무에 지속해서 체육 교사를 투입해 감정적으로 힘들다는 고민을 털어놓았다. 운동선수 출신인 서장훈이 '덤덤하게 하면 되지 뭘 힘들다고 하느냐'며 핀잔을 주었다. 그러나 두 체육 교사가 표현한 것은 자기감정은 화난 상태가 아닌데 분노의 감정으로 경직되고 높은 언성을 표현하는 '부정적 감정노동'이다. 체육 교사는 조직이 요구하는 '부정적 감정노동'에 대한 심리적 부담감을 말한 것이다. 조직은 체육 교사를 해당 업무에서 분리해야 하며 부득이하게 업무를 하게 되었다면 휴게시간이나 심리적 안정감을 위한 프로그램이나 복지를 제공해야 한다.

혹실드 이후 연구자들은 '긍정적 감정노동', '중립적 감정노동', '부정적 감정노동'으로 감정노동을 나누어 연구할 필요성을 강조했다.

혹실드도 이후의 논문에서 감정노동을 거의 모든 직업으로 확장할 필요가 있다고 기재했다.

|그림 8| 감정노동의 유형

긍정적 감정노동	중립적 감정노동	부정적 감정노동
긍정적 감정표현으로 서비스를 제공하는 직업으로 밝은 미소를 지어야 하는 일 - 승무원, 놀이동산 직원, 고객센터 상담사 등	객관적이고 공정한 정보를 전달하는 역할을 수행하기 위해 정서적 중립을 유지하는 일 - 무표정을 수행하는 판사, 운동경기 심판, 장의사, 카지노 딜러 등	되도록 화난 듯한 목소리와 태도를 보이며 위압적인 자세를 취함. 경멸, 공포, 위협, 공격성 등 부정적인 정서를 최대한 표출하는 일 - 형사, 경찰, 검찰, 조사관, 감독관, 보안경비 등

출처_내 마음의 고요함, 감정노동의 지혜, 윤서영, 2016

현재 '감정노동자 보호법'은 감정노동 직업군에서 '긍정적 감정노동'에 해당하는 '서비스 직업군'의 일부만 적용받는다. 그렇다면 긍정적·중립적·부정적 감정노동의 정의와 함께 각각 해당하는 직업군을 살펴보겠다.

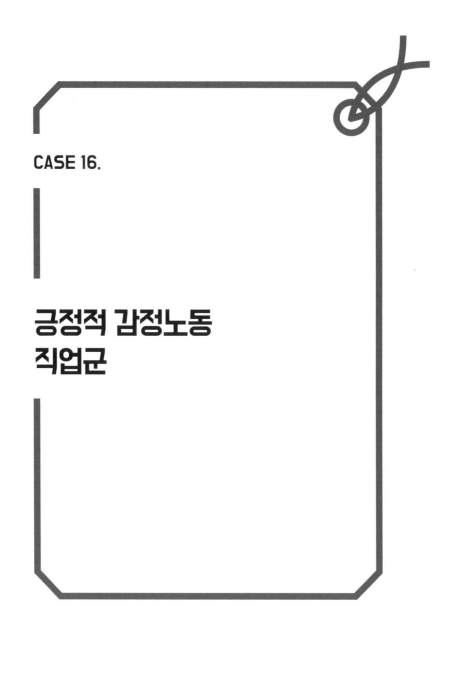

CASE 16.

긍정적 감정노동
직업군

1. 긍정적 감정노동

감정노동에 관한 연구 중 '긍정적 감정노동'이 가장 많은 비중을 차지한다. 최초의 감정노동 연구가 '스마일 증후군'으로 인한 '서비스 직'이었기 때문이다. 스마일 증후군이란, 밝은 모습을 보여야 한다는 생각에 사로잡혀 얼굴은 웃고 있지만 마음은 우울한 상태로 식욕, 성욕 등이 떨어지고 심하면 자살까지 생각하는 증세를 말한다. 긍정적 감정노동에 해당하는 직업은 정해진 것이 아니다. 근로자가 근무하는 조직이나 조직환경에서 왕래하는 거래처, 고객 등이 근로자에게 요구하는 감정이 밝은 표정이니 상상한 말투라면 '긍정적 감정노동 직업군'이라 할 수 있다.

2. 항공사 승무원

앨리 러셀 혹실드(Alie Russell Hochschild)의 감정노동에 관한 첫 연구 대상인 항공사 승무원은 긍정적 감정노동의 대표적인 직업군이다. 항공서비스업은 출발지부터 도착지까지 항공기라는 공간적인 제약이 있는 장소 내에서 서비스를 제공해야 하므로 비정상적인 상황 발생이 가능하다(이민정 외, 2013). 이러한 시·공간적 제약과 해외 체재를 같이 경험하기 때문에 일반 서비스직과는 다른 특성이 있다. 비행기라는 제한적이고 특수한 환경에서 고객에게 장시간 계속 노출되며, 다국적인 승객의 다양한 요구와 기대를 만족시키기 위해 직접 대면하고 교류해야 한다(신지윤 외, 2015). 특히, 고객 수면을 도와주며, 주류도 제공해 폭언과 폭행 이외에 성추행과 성폭행 사건에 노출되는 등 승무원의 감정노동 수준은 심각한 수준이다.

신지윤의 연구에서 고객불량행동을 측정하기 위해 사용된 측정항목은 |표 10|과 같다. 해당연구에서 고객불량행동이 감정노동에 미치는 영향의 표준화 경로계수는 .288이며, t=3.715(p<.05)로 나타나 통계적으로 유의한 것으로 확인되어 '고객불량행동은 감정노동에 유의한 정(+)의 영향을 미칠 것이다'라는 가설이 채택되었다. 또한, 고객불량행동이 직무 스트레스에 미치는 영향에서 표준화 경로계수는 .289이며, t=3.767(p<.05)로 나타나 통계적으로 유의한 것으로 확

인되어 '고객불량행동이 직무 스트레스에 유의한 정(+)의 영향을 미칠 것이다'라는 가설이 채택되었다. 감정노동이 직무 스트레스에 미치는 영향에서 표준화 경로계수는 .346이었으며, t=4.508(p<.05)로 나타나 통계적으로 유의한 것으로 확인되어 '감정노동은 직무 스트레스에 유의한 정(+)의 영향을 미칠 것이다'라는 가설이 채택되었다. 결과적으로 '고객불량행동과 직무 스트레스의 관계에서 감정노동은 유의한 매개 역할을 할 것이다'라는 가설이 채택되었다(신지윤 외, 2015).

| 표 12 | 고객불량행동 측정항목

번호	측정항목
1	고객이 나에게 투박하게 큰 소리로 항의했다.
2	고객이 자신의 의견을 관철시키기 위해 화를 냈다.
3	고객이 회사의 규칙과 규정을 무시하고 위반했다.
4	고객이 나에게 무례한 태도를 보였다.
5	고객이 나에게 거만한 태도를 나타냈다.

출처 신지윤 외, 2015

많은 항공사 승무원 연구에서 고객불량행동이 감정노동을 유발한다는 결론에 도달하며, 이는 직무 스트레스, 이직, 감정고갈, 감정소진 등 다양한 부정적인 요인을 유발하는 것으로 확인되었다.

3. 고객센터 상담사

친절함과 미소가 강조되는 서비스 접점의 고객센터 상담사는 고객의 무리한 요구와 폭언, 욕설, 반말에 상시 노출되고 있다(부산청년유니온, 2015). 친절함과 미소가 강조되는 고객센터 상담사의 긍정적 감정노동은 고객센터의 평가항목인 모니터링 평가표에서도 확인할 수 있다. |표 10|의 〈콜센터 모니터링 평가표〉와 같이 '언어에 미소가 포함되는지', '고객에게 더 도와줄 것은 없는지'를 상담사에게 필수적으로 수행하게 한다. 최수정, 정기주(2016)의 연구에서 서비스 조직은 높은 수준의 고객서비스를 제공하려고 감정표현규범(긍정적 감정노동)을 개발해 종사원이 고객에게 표현하는 느낌과 감정을 통제한다고 언급하고 있다.

허경옥(2016)의 연구에서 감정노동의 영향력을 상담사의 근무연수를 기준으로 조사한 결과, 신입 집단과 경력 집단 모두 '상담이 많을수록' 그리고 '소비자의 무리한 요구가 많을수록' 감정노동이 높아지는 것으로 나타났다. 또한, 감정노동이 업무 스트레스에 미치는 영향에서도 근무연수에 따른 조절효과가 나타나지 않았다. 결과를 다시 말하면, 신입 상담사나 경력 상담사 모두 '상담 횟수가 많을수록', '고객불만이 심할수록' 감정노동이 높아졌는데, 감정노동 해소에 경력은 도움이 되지 않았다는 것이다.

| 표 13 | 콜센터 모니터링 평가표 예시

분류	평가항목		세부내용	배점	평가
도입부	1. 맞이인사	1. 첫인사	적절한 첫인사 진행(안녕하십니까? 행복을 드리는 상담원 ○○○입니다.)	5	
			미흡한 첫인사 진행(인사말, 상담원명, 맞이인사, 화답표현 중 1개 누락/불명확한 발음)	3	
			첫인사 누락(인사말, 상담원명, 맞이인사, 화답표현 중 2개 누락/불명확한 발음으로 응대)	0	
	소계			**5**	**0.0**
상담품질	2. 화법 및 응대태도	2_1. 친절/배려 (미소+속도)	명확한 발음으로 성의있고 밝은 목소리로 친절하게 응대	6	
			느리거나 빠른 어투로 사무적이고 딱딱한 느낌의 응대 / 네?라고 1회 이상 재질문 시 차감	3	
			느리거나 빠른 어투로 사무적이고 딱딱한 느낌의 응대 / 네?라고 2회 이상 재질문 시 차감	0	
		2_2. 상담멘트	경어체 적절하게 사용	6	
			경어체 사용 미흡	3	
			과도한요조체 사용(요조체 3회 이상 사용)	0	
		2_3. 표현력	상담 전반적으로 정중하고 적절한 언어 사용(전문용어, 토막말, 속어, 혼잣말 미발생)	6	
			정중한 응대 진행되나 상담용어 미흡하게 사용(1~2회)	3	
			상담 전반적으로 부적절 언어, 비정중한 언어 사용(3회 이상)	0	
		2_4. 사과양해표현/대기멘트/동감표현	고객 불편사항 발생되는 시점에 양해표현 구사/대기멘트/적절한 동감표현 사용 시	6	
			사과양해, 대기멘트 1회 누락/단조로운 동감표현 사용 시	4	
			사과양해, 대기멘트 2회 누락/묵음 1회 발생	2	
			사과양해, 대기멘트 3회 이상 누락/묵음 2회 이상 발생	0	
		2_5. 경청도	고객문의 내용에 경청	6	
			고객문의 시 건성으로 들어 재문의 발생하는 경우	4	
			고객의 말을 1회 이상 끼어들거나 자르고 응대	2	
			고객의 말을 2회 이상 끼어들거나 자르고 응대 / 말겹침 시 멈추지 않고 말할 때	0	
	소계			**30**	**0.0**
업무능력	3. 정보탐색	3_1. 고객정보확인	정확한 고객정보 확인(고객정보/고객명/상품정보)	7	
			고객정보 확인 미흡(고객정보/고객명/상품정보 중 1가지 누락)	5	
			고객정보 확인 미흡(고객정보/고객명/상품정보 중 2가지 누락)	0	
		3_2. 고객 Needs 파악	문의내용을 정확히 파악/이해하고 응대	5	
			문의내용은 파악되었으나 탐색질문/불필요한 질문/반복질문으로 상담 지연	3	
			문의내용 파악이 되지 않아 반복적인 재질문/다른 내용으로 응대	0	
	4. 업무전달력	4_1. 필수안내 (업무숙지도)	정확한 업무지식으로 문의내용에 대한 안내 및 처리	10	
			업무처리 숙지는 되고 있으나 미흡한 전달 및 처리(필수 안내사항 1가지 누락)	7	
			미흡한 업무전달 및 필수안내사항 2가지 이상 누락	3	
			미흡한 업무전달 및 필수안내사항 3가지 이상 누락	0	
		4_2. 답변의 정확성	정확한 답변, 효율적인 업무처리	10	
			잘못된 답변 후 정정하는 경우/상담원 처리 가능하나 고객에게 미룸 (소극적 응대)	5	
			고객 문의에 대해서 임의 안내	0	
		4_3. 설명력	고객 위주의 쉬운 설명으로 내용 이해가 잘됨	5	
			내용 위주의 쉬운 설명이 미흡함	3	
			장황한 설명/일방적 응대	0	
	5. 정확성	5_1. 시스템활용	문의건에 정확한 전산처리와 신속한 전산 활용력/긴급메시지 차수를 정확히 보냈는지	10	
			전산확인 응대 가능하나 고객에게 불필요한 질문/전산확인 미흡	7	
			전산 오처리 후 바로 정정한 경우/전산처리 미흡	3	
			전산처리 누락/쪽지 발송 누락	0	
		5_2. 상담기록 (기타메모/상담유형 포함)	고객 문의내용/안내내용 누락 없이 정확하게 기재	10	
			CS메모, 기타메모 내용이 불충분할 경우/CS 문의유형 오선택/필수사항 1개 누락	7	
			CS메모, 기타메모 내용이 불충분할 경우/CS 문의유형 오선택/필수사항 2개 누락	3	
			CS메모, 기타메모 중 1가지 이상 누락/필수사항 3가지 이상 누락	0	
	소계			**57**	**0.0**
종결부	6. 종결부	6_1. 문제해결재확인	고객 문의건이 해결되었는지 확인 질문 진행(다른 문의사항 없으십니까?)	3	
			고객 문의건이 해결되었는지 확인 질문 누락	0	
		6_2. 끝인사	적절한 끝인사 진행	5	
			미흡한 끝인사 진행(인사말, 당담원 중 1가지 누락 시/불명확한 발음으로 응대)	3	
			끝인사 누락(인사말, 당담원 모두 누락 시/불명확한 발음으로 응대)	0	
	소계			**8**	**0.0**
총 누적합계				**100**	**0.0**

출처. 진상 고객 갑씨가 등장했다, 윤서영(2019)

4. 교사

교사는 긍정적·중립적·부정적 감정노동을 모두 표현하는 직업 중 하나이다. 교사의 긍정적 감정노동은 유치원, 초등학교 교사처럼 웃음을 표현해야 하는 유아기와 초등학생을 가르칠 때 많이 표현된다. Beatty(2000)는 교사가 학생을 지도하며 분노와 같은 감정을 억제하고 항상 온화하고 열정적으로 학생을 사랑으로 돌보도록 성공적인 감정통제를 수행할 것을 요구받는다고 했다.

교사의 직무 스트레스에 대한 건강실태 조사에 따르면, 치료가 필요한 확실한 우울증 비율이 전체의 11.5%로 일반인의 우울증 비율보다 약 1.5~2배 정도 높게 나타났다(박석희, 2017). 특히 담임교사의 감정노동 수준은 매우 높아 정신건강 수준이 심각했는데, 폭력 피해와 같은 외상 경험이 있는 경우 더 심한 우울과 분노, 신체화 같은 스트레스를 경험하는 경향을 보였다(김희경, 2017). 신체화란, 정신적 피로가 신체 증상으로 표현되는 과정을 의미한다. 정신적 스트레스나 감정노동이 실질적인 신체 이상에 관한 의사 소견이 없음에도 어깨결림이나 소화불량, 심하면 신체 일부의 마비 등으로 나타나는 증상을 말한다. 심하면 정신장애로 발전할 수 있어 주의가 필요하다.

특히 초등학교 교사는 학생의 교사 의존도가 높으며, 문제 학생 체벌이 불가능한 통제의 어려움 등에서 감정노동을 느끼는 것으로 나타났다(손준종, 2011). <u>다양한 연구에서 학생의 과격하거나 통제가 어려운 언행에 교사가 취할 수 있는 조치가 제한적인 것이 감정노동의 상당한 원인으로 꼽았다.</u> 교사도 감정노동자로 인정해 인권을 보호할 법안을 마련할 필요성을 시사하고 있다.

그러나 현재 교사들이 이런 어려움을 겪는 이유는 과거에 교사의 무분별한 폭언·폭행 체벌을 제지하기 위해 만들어진 제도 때문이다. 지금의 교사들은 힘들겠지만, 과거를 거울삼아 교사와 학생의 균형을 맞출 수 있는 제도가 만들어졌으면 한다.

5. 심리상담사

심리상담사는 내담자가 자기 문제를 스스로 탐색하고 결정할 기회를 제공해 내담자의 심리적 적응을 향상시키고 궁극적으로 자기 성장을 이루도록 돕는 조력자 역할을 한다(최혜윤, 2015). 그러나 수많은 훈련과 자질 수양에도 불구하고 상담자가 경험하는 스트레스와 문제는 매우 다양하다(Epstein, 1997).

예를 들면, 내담자를 통해 우울증, 자살 위험 및 시도, 망상, 편집증, 성폭력, 약물중독, 가정폭력 등 심각한 문제를 접하며(Epstein, 1997), 내담자의 비합리적인 사고와 부정적인 정서 표현, 역기능적인 행동으로 인해 정신적인 부담감과 스트레스를 겪는다(최혜윤, 2015).

프로이트(Sigmund Freud), 베텔하임(Bruno Bettelheim), 페더른 (Paul Federn), 타우스크(Victor Tausk), 콜버그(Lawrence Kohlberg) 처럼 유명한 상담자의 자살에서도 알 수 있듯이 상담자의 정신건강 문제도 예외일 수 없다(Epstein, 1997). 한 연구에서 상담심리학자의 62%가 우울증을 경험했고, 그중 36%가 기분부전장애, 33%가 우울 증을 동반한 적응장애로 치료받았다고 답했고(Gilroy, 2002). 43%가 과민해지거나 정서적으로 소모된다고 답변했다(Mahoney, 1997).

|표 10|은 감정소진이 심리상담사에게 발생하는 범주와 빈도, 사 례 횟수를 기재한 것이다. 연구에서 대부분 상담사는 상담으로 인한 심리적 감정소진이 일어나면 무기력감, 우울감, 좌절감, 화 등 '부정 적 정서'를 경험한다고 했다. 인터뷰 내용과 함께 살펴보자.

|표14| 감정소진이 발생하는 개인 내적 경험의 범주

범주	빈도(사례)
개인 삶의 변화와 개인적인 스트레스	전형적(8)
성격 및 성향	변동적(5)
상담경험 부족	변동적(5)
대학상담센터 업무에 대한 내적 부담감	변동적(4)
대학조직에서의 근무경험 부족	변동적(3)
대학조직 및 센터장에게 인정받고 싶은 욕구의 좌절	변동적(2)

"제가 자살해야겠다 생각한 건 아닌데, 심해지면 정말 뛰어내릴 수도 있겠다⋯. 당연히 그러겠다는 건 아닌데, 그런 마음이 이해되었어요."

출처_최혜윤(2015)

둘째, 심리상담사가 감정소진 시에 하는 상담에서의 다양한 경험은 |표 11|과 같다. 전형적으로 '내담자에게 집중할 수 없음'을 가장 많이 경험하고, 다음으로 '상담하는 것이 부담되고 하기 싫음'으로 나타났다. 인터뷰 내용과 함께 살펴보자.

|표15| 감정소진 시 상담 내에서의 경험의 범주

범주	빈도(사례)
내담자에게 집중할 수 없음	전형적(10)
상담하는 것이 부담되고 하기 싫음	전형적(8)
내담자와의 심리적 분리가 어려움	변동적(6)
상담이 정체됨	변동적(6)
상담자로서의 자책감	변동적(5)
내담자에게 냉담해지고 공감하는 것이 어려움	변동적(4)
상담에 대한 자신감 감소	변동적(4)

"그냥 잘 안 들려요. 보통은 내담자의 말에 집중하며 생각하거든요. '내담자가 말하는 것이 상담 목표와 어떻게 연결되지?', '내담자가 말하는 것

이 문제와 어떻게 연결이 되지?' 이런 생각 없이 그냥 멍한 상태가 돼요."

출처_최혜윤(2015)

셋째, 상담자의 감정소진에 영향을 미치는 요인은 |표 11|과 같다. 상담자 대부분은 경계선 성격장애, 조울증, 편집증 등 정신질환이나 자살 위험 및 위협하는 심각한 증상을 보이는 내담자를 경험할수록 심리적 소진이 커진다고 했다. 인터뷰 내용과 함께 살펴보자.

|표16| 감정소진에 영향을 미치는 상담 관련 요인의 범주

범주	빈도(사례)
심각한 증상을 보이는 내담자	전형적(7)
상담자로서의 낮은 효능감	변동적(3)
상담자로서의 삶과 사생활의 분리가 안 됨	변동적(3)
상담사례 수가 많음	변동적(3)
상담자를 비난하는 적대적인 내담자	변동적(2)
조기에 종결된 내담자	변동적(2)

"심각한 아이들은 너무 심각해서 제가 제대로 만날 수 없어요. 상담센터 앞에 컴퓨터가 있는데 거기서 자위하는 친구들도 있어요."

출처_최혜윤, 2015

넷째, 힘든 상황에서 상담사가 자기 심리상태를 극복하고 회복하면 자기 능력과 한계에 대해 수용하고, 자신을 긍정적으로 평가하는 경험을 했다고 답변했다.

이 연구에서 보여준 구체적인 상담사례를 통해 심리상담사의 감정소진에 관한 관리의 중요성이 인식되었으며 관리능력이 향상되었다는 답변이 있었다. 이는 상담사의 감정을 관리할 필요성과 감정노동으로 연구를 발전시킬 수 있음을 보여주는 항목이다.

내담자의 심리적 문제를 해결하는 전문가인 심리상담사는 상담하며 나타난 자기감정을 털어놓는 일은 비전문적이라고 생각하는 고정관념이 있다. 이런 측면에서 자기감정을 숨겨야 하는 심리상담사는 고도의 감정노동자로 그들의 정신건강을 위해 심리상담사만을 위한 상담뿐 아니라, 정신건강을 돌보기 위한 국가적 차원의 지원이 필요할 것으로 보인다.

중립적 감정노동
직업군

윤 대리는 불만고객 전담팀의 팀장으로 승진했다. 일주일의 인수인계가 끝나고 불만고객 건을 처리하기 시작했다. 근황이 궁금한 김 대리가 묻는다.

김 대리, 일은 할 만해? 별다른 거 없지?

윤 대리, 나도 그럴 줄 알았어. 고객센터에서 계속 친절 교육만 받았잖아. 팀장들이 통화하는 걸 들으니 목소리가 저음이고 친절이 배어나질 않더라고. '내가 하면 훨씬 잘할 수 있겠다' 했는데 '안녕하세요~ ○○ 고객센터 팀장 윤 대리입니다'라고 하자마자 고객이 '팀장이 전화하라 했는데 왜 상담사가 전화했냐'고 소리를 지르더라니까….

김 대리, 정말? 당황스러웠겠다.

윤 대리, 팀장 맞다고 옥신각신 땀 빼며 첫 콜을 처리했지. 결국 두 번째부터는 목소리를 한껏 낮추어 말했어. 그러니까 윗사람인 줄 알더라!

김 대리, 나도 불만 콜 통화할 때는 친절한 목소리로 안 해.

감정노동은 자기 의지와 관계없이 조직과 고객이 요구하는 감정을 표현해야 하는 상황에 발생한다. 위의 에피소드에서 고객이 상담사와 불만고객 전담팀 팀장에게 요구하는 감정노동은 긍정적 감정노동이 아니었다.

그렇다면 불만고객 전담팀 팀장에게 요구되는 감정노동은 무엇일까? 고객은 상담사에게 친절과 공감을 표현하는 긍정적 감정노동을 요구하고, 불만고객 전담팀 팀장에게는 정서적으로 중립을 유지하며 객관적이면서 공정한 정보를 전달하는 중립적 감정노동을 요구한다.

이처럼 직업의 특성에 따라 대표적인 감정노동 유형이 있지만, 같은 직업군이라도 상황이나 직무에 따라 요구되는 감정노동이 달라질 수 있음을 알고 이번 Case를 살펴보자.

1. 중립적 감정노동

중립적 감정노동은 정서적으로 중립을 유지하며 객관적이며 공정한 정보를 전달하는 업무를 수행하는 직업에서 나타난다. 중립적 감정노동이 요구되는 직업은 체육학 분야직, 방송인(연예인, 1인 방송인), 장의사, 판사(법조인), 의사(의료계인), 운동경기 심판, 카지노 딜러 등 전문직이 많다. 전문가적 견해를 전달할 때 객관적이며 공정하다는 의미의 무표정과 저음의 목소리를 더 선호하는 경향 때문이다.

감정노동 연구의 대부분은 '긍정적 감정노동 수행'과 '부정적 감정노동 억제'에 관한 내용이다. 서비스업에 관한 내용이 대부분으로 웃음을 표현하는 긍정적 감정노동을 수행하며, 내면에서 올라오는 '화'인 부정적 감정노동은 억제한다는 의미이다.

앞서 언급한 항공사 승무원 212명을 대상으로 진행한 연구에서 68.9%인 146명이 긍정적 감정노동을 수행하고, 31.1%인 66명이 중립적 감정노동을 수행하는 것으로 나타났다(고인곤·문명주, 2017). 그러나 이 연구도 다른 연구와 마찬가지로 긍정적 감정노동 연구에서 중립적 감정노동을 언급하는 수준이었다.

'중립적 감정노동'보다 오히려 직무 스트레스나 감정노동의 하위 개념인 '감정소진', '감정부조화'의 연구가 더 많았다. 연구자가 '감정노동' 용어의 의미를 사회계층의 하위에 속하는 직업군에 국한해 사용하는 것으로 인지한다는 것을 의미할 수도 있다. 같은 의료계이지만, 의사가 아닌 간호사의 감정노동 연구에 초점이 맞추어진 것도 이런 의견을 뒷받침할 수 있겠다. 이런 이유로 중립적 감정노동과 부정적 감정노동에 관해서는 '중립적 감정노동'을 변수로 사용하지 않았어도 해당 직업의 원인으로 감정이나 정서의 부정적인 결과를 보인 연구를 참고로 문헌 연구를 진행했다.

2. 체육지도자

체육학 분야는 스포츠산업이 서비스화되며 체육지도자가 수련생과 학부모를 대할 때 긍정적 감정노동을 표현해야 하는 어려움이 존재하며(이광수, 허진, 2017), 스포츠 현장에서는 예의 바르게 수련에 임해야 하는 중립적 감정노동도 발생한다. 체육학 분야의 감정노동에 관한 연구는 생활체육 지도자, 캐디, 태권도 지도자 등을 중심으로 보고되고 있다(류동수 등, 2016; 이광수 외, 2017). 그러나 해당 연구에서 '중립적 감정노동'보다 '부정적 감정표현에 대한 관리 및 통제'(이광수 외, 2017)의 용어를 주로 사용하고 있다.

체육학 분야 연구는 스포츠 현장에서 중립적 감정노동을 지도자의 관점과 지도자의 훈련을 통해 성장하는 수련생의 관점에서 진행하고 있다. 그중 수련생의 관점에서 더 많이 발생하는 것으로 나타났다. 수련생은 신체 수련의 고통을 외면하며, 지도자의 요구에 불평과 불만을 표현해서는 안 되는 것처럼 인식되어 왔다. 어린 시절부터 훈련을 시작한 운동선수는 반복적인 정신교육으로 지도자의 폭행이나 성폭행도 견디기에 이른다. 이런 극단적인 사례가 발생하는 이유는 수련생에게 요구되는 '중립적 감정노동' 때문이다. '힘들어도 참아야 하는 줄 알았다'라는 피해자 인터뷰는 힘들어도 말하지 못하는 상황을 대변한다.

요약하면 체육학 지도자는 지언령층의 수련생과 학부모를 대할 때는 긍정적 감정노동에 노출되며, 기타 수련생에게는 중립적 감정노동을 표현해야 하는 등 개개인에게 적합한 다양한 감정노동을 표현해야 하는 휴먼서비스 제공자의 특성이 존재한다. 앞으로 체육지도자의 중립적 감정노동에 더 면밀하게 접근한 연구가 필요하다.

3. 방송인(연예인, 유튜버 등)

　방송인은 자기감정과 상관없이 웃음을 보여야 하는 상황에 자주 노출된다. 특히 정치적 중립과 가치중립적 태도를 대중이 엄격하게 요구하기 때문에(선우경, 2002) 중립적 감정노동 직업으로 분류했다. 대중에게 전달하는 의상, 몸짓, 표정이나 언어 능력은 방송인에게 필요한 자질로 요구된다(이종락, 1997). 이런 직무특성에서 오는 직무 스트레스는 거의 소진(burn-out)에 준하는 것으로 자동차 영업사원이나 경찰 공무원과 비슷한 수준이라고 할 수 있다(유영현, 1998). 이런 특성은 개인 차원에서 불안과 수면 장애, 자살 등 부정적 결과를 초래할 수 있어 개인의 삶에 부정적인 영향을 미친다(김선남, 1999).
　1인 미디어는 크리에이터나 유튜버를 관리하는 에이전시가 등장할 정도로 급성장했다. 그러나 대중의 악성댓글 및 루머에 중립적인 태도로 일관해야 하기에 이로 인한 감정노동 발생이 불가피하다. 악성댓글에 법적 조치하더라도 심각한 수준이 아닌 비꼬거나 언어유희적인 표현은 스스로 감내해야 할 부분이다(윤서영, 2016). 방송인은 이미지 관리가 중요해 악성댓글에 일일이 반응하기 힘들다. 하지만 어떤 사건이 쟁점이 되어 대중에게 공격받으면 우울증, 불안, 불면증 등 다양한 정신장애가 나타나는 감정노동 고위험 직업군이다.

방송인은 방송에서 요구하는 감정과 개인의 감정부조화로 자기 모습을 수용하는 데 어려움이 있으며, 이를 극복하기 위해 자기 신뢰와 자신감, 격려와 동기부여가 가능한 직무환경의 필요성을 강조했다. 이 연구에서 방송인의 감정노동은 감정노동의 하위개념인 감정소진과 정(+)의 관계가 있는 것으로 나타났다(유정희, 2010).

상황이 이러하나, 방송인의 연구는 거의 없고 언론인(기자)에 관한 연구가 증가했을 뿐이다. 연예인의 자살은 대서특필되어 대중에게 미치는 영향이 크므로 방송인의 정신건강에 관한 연구가 진행될 필요가 있다. 또한 방송인의 감정노동은 익명의 댓글과 공격에 대해 국가 차원에서 법적으로 어떻게 보호할 것인가를 고민할 필요가 있다.

4. 법조인

정서적으로 중립을 유지해야 하는 법조인도 중립적 감정노동 직업군에 속한다. 범죄자와 범죄 사건을 접하는 법조인은 업무에서 지속해서 부정적인 에너지를 받는다. 양삼승 전 대한변호사협회 부협

회장은 사회에서 바람직한 법조인의 모습을 구조화했는데 판사는 '균형감 있는 법관', '정의감 있는 법관', 검사는 '묵묵히 일하는 검사', '겸손한 검사', 변호사는 '창의적인 변호사', '봉사하는 변호사'로 요약했다(양삼승, 2010).

최고의 전문직에 속하는 이 직업군은 다른 직업에 비해 윤리적인 면이 강조되고 인간의 생명과 범죄에 대해 타인의 인생을 바꾸는 중대한 업무에 매번 노출된다. 법적 분쟁이나 범죄를 다루는 법 실무는 담당 법조인에게 높은 스트레스와 심리적 부담을 주며, 다른 한편으로는 인권 보장과 사회정의 실현을 요구한다. 그래서 법조인은 늘 자기 성찰로 업무능력과 윤리 의식을 연마해야 한다(김기대, 2014).

미국은 로스쿨 과정에 심리치료 과목을 포함한다. 미국 로스쿨 중 Miami 로스쿨, UC Berkeley 로스쿨, Northwestern 로스쿨, Roger Williams 로스쿨에서는 마음챙김 명상을 교과과정에 포함해 법률가로 사고과정을 고찰하는 메타인식(meta-cognition)을 교육 기간부터 발전하도록 돕는다(김기대, 2014). 마음챙김 명상은 자신에게 일어나는 감각, 감정, 생각을 있는 그대로 알아차림으로써 과거나 미래가 아닌 현재를 있는 그대로 수용하는 명상이다. 심리학적 치료기법의 하나로, 미국 의료계에서 30여 년 동안 시행해 정신질환과 정신장애에 도움 되는 것이 밝혀져 병원, 기업, 군대, 교정시설, 학교 등에서 활용된다(김기대, 2014). 법조인은 자기감정을 순화하고 심리적 안녕감을 유지하도록 마음챙김 명상을 교과과정에 포함할 필요가 있는데 마음챙김 상태는 객관적인 현실과 자기 심리상태를 알아차림으로써 감상적인 감정상태에 빠져 범할 수 있는 판단의 오류를 줄이고 법적 사고를 명료하게 한다(김기대, 2014). 이 연구에서 명상에 폐쇄적인 법조인 조직의 특성에 대해 변화가 필요한데, 법조계 현장에서 가치중립을 유지하기 힘든 다양한 상황에 노출되어 실제 감정이 요동치는 사례나 사건을 접할 수 있기 때문이라고 경고한다. 객관성을 요구하는 법조인의 기본윤리가 흐트러지면 감정 순화가 필요하다. 해당 연구에서 감정노동은 언급하지 않았으나, '중립적 감정노동'을 유지해야 하는 법조인의 심리적 압박을 고려해 중립적 감정을 유지하는 방법을 학과과정에서부터 습득하도록 권장한다는 의미로 해석된다.

박근혜 대통령 탄핵 사건(2017) 당시 이정미 헌법재판소장 권한대행의 탄핵 판결 선고문은 전국에 생방송으로 중계되었다. 이런 중대한 발표 중 웃음이나 친절을 보이거나(긍정적 감정노동), 위협이나 경멸(부정적 감정노동)을 보이면 법조인으로서 공정함을 대중에게 전달하기 어려워진다. 이정미 헌법재판소장 권한대행은 단호하나 차분한 어조로 최대한 객관적인 정보를 전달하고자 힘있게 낭독했다. 이것이 중립적 감정노동의 대표적인 사례이다.

서울중앙지법 부장판사인 문유석 판사는 도서 〈판사유감〉을 통해 법관으로 겪는 고뇌를 적었다. 자기 선택으로 타인의 미래가 바뀌는 것은 실로 굉장한 심리적 부담을 일으킨다. 법조인의 감정노동을 공감하고 보호할 방법을 모색해야 한다. 또한 경직되어 있는 법조계가 자연스럽게 변화할 방법으로 미국처럼 마음챙김이나 명상 프로그램을 로스쿨 교과과정에 포함하는 방법을 제시한다. 학생 신분으로 감정을 관리하는 스킬을 자연스럽게 습득할 수 있기 때문이다.

5. 의료인(의사, 간호사)

의사는 환자에게 매일 '아프다'라는 부정적인 의사표현에 노출되며, 인간의 생명과 죽음이 오가는 상황에서 중립적인 감정으로 의술을 전달하는 업무이다. 치사율이 몇 퍼센트이며, 재발률은 어떻고, 부작용은 어떠한지 등 환자에게 일어날 부정적인 가능성을 설명하는 일에 노출된다. 법조인과 마찬가지로 업무능력과 함께 윤리의식이 강조되는 의료계는 의학의 아버지라고 불리는 '히포크라테스 선서'로도 유명하다. 선서의 내용은 인간의 존엄성과 생명의 소중함을 다루며 이는 의사에게 요구되는 가장 기본적인 자질이다.

사람의 생명을 책임지는 무게를 견디는 의사에 관한 감정노동 연구는 거의 드물었다. 의료인에 관한 감정노동 연구는 대부분 간호사를 중심으로 이루어졌는데, 이 중 간호사를 포함한 의료인의 감정노동 연구를 찾을 수 있었다.

정신병원 종사자의 유종연(2019) 연구에서 의사는 사회적·법적으로 직무자율성과 전문성이 보장되는 대표적 고학력 직종이며, 감정노동의 부담이 적고 직무 스트레스를 줄이는 보호요인인 성취감, 휴식, 적절한 보상 등이 다른 직종에 비해 높다고 했다.

혹실드(1979)는 위계적이고 폐쇄적인 병원 조직에서 사회적 지위, 전문성, 급여, 직무자율성 등에서 차별적인 동료와 근무하는 것만으로 감정노동을 높이는 원인이 된다고 했다. 이런 의미에서 접근하면 의사의 사회적 지위, 전문성, 급여, 직무자율성은 간호사의 감정노동을 높일 수 있다.

직무자율성이란 직무수행하는 절차와 계획을 결정하는 데 구성원에게 허용되는 자율적이고 독립적인 재량권의 정도를 의미한다 (Hackman & Oldham, 1975). Morgeson & Humphrey(2006)는 직무자율성의 하위 구성요소를 의사결정(decision-making)의 자율성, 업무방식(working methods)의 자율성, 업무계획(working scheduling)의 자율성으로 구분했다. 의사의 감정노동에 관한 직업별 자유도가 높은 점은 정신병원 종사자의 연구에서도 확인되었다 (유종연, 2019).

김학재(2015)의 연구에서 의사의 감정노동이 다른 직업과 다른 특성을 꼽았다. 첫째, 긍정적 감정노동인 친절함이 요구되며, 둘째, 환자나 보호자의 부정적인 감정에 관한 공감이나 위로 표현이 필요하고, 셋째, 의사의 중요한 결정에 자신감이 넘치고 머뭇거리지 않는 전문인으로서의 자부심을 나타내야 함을 강조했는데 이것이 중립적 감정노동을 의미한다.

의사는 상사를 상대로 한 감정노동의 표면화 행위가 간호사보다 높았으며, 이유는 수직적이며 이직이나 직업 전환이 간호사보다 어려운 조직의 특성을 꼽았는데 이것은 법조인과 마찬가지로 의사 조직도 경직되어 있음을 의미한다(유종연, 2019).

의사에 관한 연구는 의사의 직업적 특성에 따라 감정노동이 발생하는데, 사회적 지위가 높고 직무자율성이 높은 것이 감정노동 부담을 줄이는 다양한 보호요인인 성취감, 휴식시간, 적절한 보상과 연관이 있다는 것을 확인할 수 있었다.

6. 긍정적 감정노동의 특수상황_불만고객

앞서 소개한 윤 대리의 에피소드처럼 긍정적 감정노동 직업군에서 수행하는 직무나 상황에 따라 다른 감정노동을 표현할 수 있다. 콜센터 조직의 대표적인 감정노동은 긍정적 감정노동이지만, 특수한 상황이나 직무에 따라 조직이 사원에게 요구하는 감정노동이 다를 수 있다. 평소 고객센터 상담사는 긍정적 감정노동에 표현하지만, 불만고객이라는 특수한 상황에서 고객의 불만행동을 저지하기 위해 '중립적 감정노동'이나 '부정적 감정노동'을 표현해야 한다(윤서영, 2020). 고객센터 상담사 총 233명을 대상으로 설문조사를 진행한 결과, 상담사의 긍정적 감정노동은 감정소진에 부(-)의 영향을 미치는 것으로 나타났다. 긍정적 감정노동은 상담사의 실제 감정에 긍정적인 영향을 준다는 의미로 지금까지 웃어야 하는 상황이 감정노동을 일으킨다는 말과는 상반된 결과이다. 많은 연구에서 괜찮은 기분이라면 긍정적 감정노동은 오히려 심리적으로 긍정적인 영향을 미치는 것으로 나타났다. 그러나 상담사가 불만고객에게 표현한 중립적 감정노동은 상담사의 감정소진에 정(+)의 영향을 미치는 것으로 나타났다(윤서영, 2020). 같은 주제의 사회복지 종사자를 대상으로 진행한 연구에서 중립적 감정노동은 감정부조화를 더 많이 경험하게 한다는 유의미한 결과를 얻을 수 있었다(문영주, 2013).

이러한 연구 결과는 윤 대리의 불만고객 팀장 에피소드와 같이 직업을 대표하는 감정노동이 있더라도 상대방이나 상황에 따라 조직 내의 직원이 같은 감정노동을 표현하지 않음을 의미한다. 또한 많은 연구에서 긍정적 감정노동은 감정 소모가 나타나지 않고, 중립적 감정노동은 감정 소모가 나타난 것은 긍정적 감정노동보다 중립적·부정적 감정노동 표현이 감정 소모가 더 클 수 있음을 시사하고 있다.

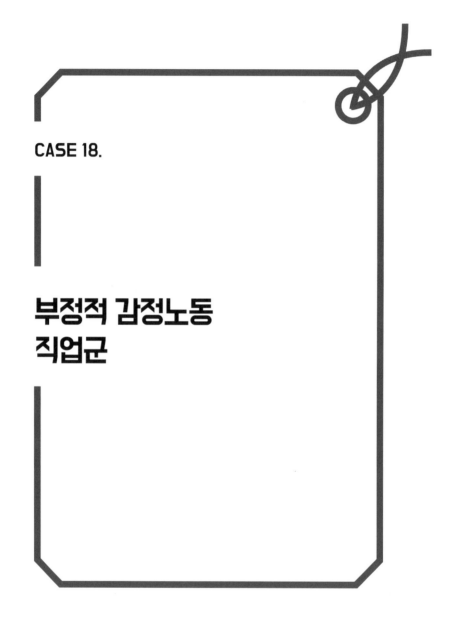

CASE 18.

부정적 감정노동
직업군

1. 부정적 감정노동

부정적 감정노동은 격앙된 정서인 공포, 공격성, 경멸, 위협 등 부정적인 정서를 표현해야 하는 직업에서 나타나는 감정노동이다 (Ashforth & Humphrey, 1993).

부정적 감정노동에 해당하는 직업은 경찰관, 불만고객 전담팀, 채권추심 관리자, 조사관, 검사, 교도소 관리자 등이다. 해당 직업군의 연구는 감정노동 보다 직무 스트레스 등 다른 감정관리 및 통제가 필요한 변수를 사용하고 있었다. 업무 중 '화'라는 부정적인 감정을 표현하는 부정적 감정노동 직업군은 긍정적·중립적 감정노동보다 정신적 충격이 커서 이들에 대한 감정노동자 보호법의 적용이 시급한 실정이다.

2. 경찰관

경찰은 최일선에서 국가 안전 보장과 국민의 생명·신체 및 재산보호, 공공 안녕과 사회질서 유지를 목적으로 하며, 이러한 경찰 활동은 모든 국가의 필수적인 기능과 의무이다(윤현석, 이동원, 2012).

경찰관의 직무환경은 다양한 어려움에 직면한다. 범죄 예방과 진압은 물론 다양한 비권력 활동과 봉사활동을 수행할 것을 요구받으며, 전반적인 인권과 권리의식의 신장으로 정당한 법 집행에 있어 시민의 무조건적인 순응을 기대하기 어려워지고 있다. 또한 범죄의 흉포화, 광역화, 지능화는 범죄자 진압과 사건의 높은 위험에 노출된다.

이렇게 경찰업무는 복잡성, 난해성, 위험성, 돌발성 등이 한층 더 두드러지고 있다(문유석, 2009). 특히 업무 중 참혹한 범죄현장 목격, 강력범과의 대치 및 피습, 자살자 및 교통사고 현장 목격, 생명을 위협하는 안전사고 등 다양한 외상사건에 반복적으로 노출되는데(이정현 외, 2015), 충격적인 사건에 의한 심리적 외상(trauma)으로 인한 극심한 스트레스를 관리하지 않으면 외상 후 스트레스 장애(PTSD) 등 다양한 정신적 문제가 발생할 수 있다(이승환, 2019). 각종 재난과 범죄사건 현장에 투입되는 소방관, 경찰관, 군인 등의 직업군은 PTSD로 이환되기 쉬운 고위험 직업군에 해당한다(김세경 외, 2015).

국제노동기구(ILO)의 국제산업재해 자료에 의하면 경찰관은 외상 후 스트레스 장애, 직무 스트레스, 알코올 및 물질사용 장애, 근골격계 질환이 많은 직업군으로(변영석 외, 2015) 지역 경찰 649명을 조사한 결과, 외상 후 스트레스 장애(PTSD) 저위험군 48명, 고위험군 80명으로 총 128명(19.7%)이 외상 후 스트레스 장애를 보였으며(치안정책연구소, 2015), 심각한 경우 가족해체를 경험한다(성영태, 2012).

임무 수행을 위해 경찰관은 종종 무감정(emotional death) 상태가 되는데(Pestonjee, 1992), 비슷한 업무 상황이 많은 소방관도 마찬가지다. 취객이나 자살소동을 벌이는 민간인을 제지하면 한동안 정신이 돌아오지 않는다고 한다. 지구대의 주취자 처리는 전체의 21.4%에 달해 상당한 부담으로 작용한다(경찰혁신기획단, 2010).

PTSD의 주요 증상으로는 우울, 불안, 공격성, 강박, 공황장애, 회피, 환청, 환각, 재경험(flashback), 환시, 자해, 폭행, 자살 시도 등 다양한 형태로 나타난다. 초기에는 주로 심한 불안감, 혼란스러움, 멍해짐 등이 나타나며 환각, 환청, 환시 등을 경험하고, 만성화되면 불안감, 공격성, 우울감, 자해, 공황장애 등의 증상으로 이어질 수 있다. 2013년 경찰청 발표 자료에서 17,311명의 경찰관 중 82.4%가 외상 시건을 경험했으며 30.1%가 PTSD 증상을 경험한 것으로 나타났다.

경찰관을 부정적 감정노동 직업군에 포함한 이유는 설문조사에서도 알 수 있듯이 가장 힘든 업무는 치안 현장에서 술에 취해 횡포를 부리거나, 경찰관을 폭행하는 등 다른 직업에서 경험하기 힘든 심각한 수준이기 때문이다. 주민의 폭언과 폭행을 멈추기 위해 '이러시면 안 됩니다', '이러시면 법적으로 불리하게 적용될 수 있어요' 등 위협이나 경멸의 강한 어조를 전달해야 한다. 많은 업무에서 무감정 상태인 중립적 감정노동을 표현하거나 주민의 폭력적이고 과격한 언행을 중단시키는 부정적 감정노동을 표현한다. 긍정적 감정노동으로 접근한다면 경찰관의 다양한 정신장애로부터 보호하기 힘들다. 다양한 연구에서 경찰관의 감정노동은 다른 서비스 직종과 구분되어야 하고 인권 보호와 다양한 정신장애가 발현될 수 있는 상황의 보호제도가 필요하다고 언급하고 있다(성영태, 2012).

3. 소방관

소방공무원은 국가와 국민의 위급 상황에 구조 및 구급 활동과 다양한 대민 활동으로 소방 서비스 범위가 넓어지는 추세이다. 이는 소방공무원의 주요 업무인 화재진압 외에 다양한 재해재난의 구조·구급 활동 및 긴급지원을 포함하는 많은 업무를 의미한다.

이렇듯 소방관은 경찰관의 직무환경에 더해 소방 현장의 위험성 및 긴급성이 추가되어 직무 스트레스가 더 높다. 또한, 화재진압 등

재난활동 시 방화복 등 25~30kg의 개인 보호장비를 착용해 신체적인 피로도 높으며, 소방차의 사이렌은 90dB(제작기준)을 유지해야 해서 골든타임 5~10분 이상 소음에 노출된다. 근무환경은 소방관을 정신적·신체적으로 이중의 긴장감을 느끼게 하며, 현장의 부족한 정보와 불확실한 상황의 두려움으로 인한 스트레스, 현장에서 목격하는 처참한 환경과 구급 환자와의 갈등, 폭력 등의 스트레스가 존재한다.

소방공무원의 직무 스트레스와 건강 영향을 조사한 결과, 일반 성인과 비교해 우울증이 3배 이상, 외상 후 스트레스 장애는 5배 이상 높았다(이병남, 2017). '전국 소방공무원 심리조사' 결과에서 소방공무원의 우울증은 일반인의 4.5배, PTSD의 비율은 10배 이상 높았다(소방청, 2014). 지난 5년간 자살한 소방공무원은 44명으로, 순직한 소방공무원 21명의 두 배를 웃도는 상황이다(정태식, 2017).

2015년 소방공무원 안전 및 보건 실태조사 보고서에 의하면, 현장직 소방공무원에 대한 민원인의 신체 및 언어폭력은 37.9%(3,057명)가 '경험이 있다'라고 응답했으며, 119 종합상황실 근무자의 81.2%가 본래의 감정을 숨기며 업무를 수행한다고 응답했다. 이처럼 소방공무원 감정노동은 심각하며 감정노동 상황에 노출되는 빈도도 상당해 극단적인 경험 이후에 경찰관이나 소방관은 언제나 사용할 수 있는 휴가와 상주하는 상담사가 필요하며, 그 외에도 적극적인 복리후생이 필요하다(치안정책연구소, 2015).

|표 17| 한국인의 평균 기대수명

소방관 직무 활동 특성	내용	연구자
소방직무의 위험성	재난 출동 및 현장 활동 중 위험과 유독가스 등에 노출되어 위험에 직면함	남문현 (2010)
소방직무의 불확실성	현장 활동은 대기근무 중 출동지령을 통해 시작되며 선착대의 현장 상황보고가 나오기까지 긴장 상태가 지속됨	김경식 (2011)
소방직무의 대기성	24시간 출동에 대비해 3팀·2교대로 대기하며 긴장으로 인한 생리적 문제, 불규칙한 식사 등이 스트레스 야기됨	김경식 (2011)
소방직무의 전문성	행정과 화재진압, 구급, 구조, 운전, 통신 등 다양한 직무에 이론과 실제를 겸비한 대처능력을 가져야 함	신봉수 (2005)
현장활동의 가외성	재난현장의 불확실한 상황에 대비한 인력과 장비, 전술 등이 준비되어야 함	남문현 (2010)
현장활동의 긴급성	모든 재난은 긴급 상황이며, 빠른 대처를 통해 피해를 최소화할 수 있음	김학태 (2009)
소방행정의 복합성	재난은 다양한 환경적 변수가 존재하며 관계 기관 협조를 통해 신속한 대처 필요함	신태규 (2005)

출처_통계청, 2016년 생명표 보도자료

4. 직종별 평균 사망연령

많은 연구에서 긍정적 감정노동은 오히려 긍정적인 감정을 상승시켰지만 '분노', '화'의 부정적 감정노동은 실제 화나지 않아도 스트레스 호르몬인 '코르티솔 호르몬'을 분비한다. 이는 장기화하면 근조직 손상이나 면역기능 약화, 성 기능 저하의 증상이 나타난다.

한 연구에서 스트레스받은 아이의 혈액에서 코르티솔 호르몬이 분비되었는데, 다음 날 아침에도 코르티솔 호르몬은 여전히 체내에 남아있었다. 감정노동이나 스트레스가 인체에 미치는 영향을 강조하는 것은 이처럼 오랜 시간 체내에 남아 신체에 악영향을 미치기 때문이다. 감정노동이 장기화하면 질병이나 수명 단축으로 나타난다.

| 표 18 | 한국인의 평균 기대수명

	1970	1980	1990	1996	2000	2006	2010	2015	2016
평균	62.3	66.1	71.7	74.2	76.0	78.8	82.1	82.1	82.4
남자	58.7	61.9	67.5	70.2	72.3	75.4	79.0	79.0	79.3
여자	65.8	70.4	75.9	78.3	79.7	82.1	85.2	85.2	85.4

출처 통계청, 2016년 생명표 보도자료

| 표 19 | 공무원 연금 수령자 직종별 평균 사망연령

직업	2012	2013	2014	2015	2016	평균
소방관	67	67	72	68	70	69
경찰관	72	72	73	74	73	73
교육직	76	76	77	77	77	77
법관검사	74	69	71	81	74	74
정무직	78	83	79	82	85	82

출처 진선미 국회의원 보도자료

|표 22| 〈한국인의 평균 기대수명〉과 |표 23| 〈공무원 연금 수령자 직종별 평균 사망연령〉을 살펴보면 더욱 확연해진다. 다양한 직업 중 부정적 감정노동 직업군의 평균 사망연령이 낮은 점은 주목할 만하다. |표 22|의 한국인 평균수명이 2016년에 82.4세인데 반해, 같은 해 소방관의 평균수명이 70세, 경찰관의 평균수명이 73세, 중립적 감정노동 직업군인 법관 중 부정적 감정노동에 가장 많이 노출되는 검사의 평균수명도 74세로 확인된다. 긍정적 감정노동 직업군인 교육직은 77세로 가장 낮은 소방관보다 7년이나 높았지만 한국인 평균수명인 82.4세보다 5.4세가 낮은 것은 괄목할만하다.

이처럼 직종에 따른 평균수명이 의미 있는 차이를 보이는 것은 해당 직업의 신체적·정신적 피해의 원인을 파악해 산업재해로 인정해야 한다는 것을 의미한다. 정신적 피해로 수명이 낮은 직업군의 원인을 상세히 분석해 해당 직종을 신체적·정신적으로 보호하는 다양한 보호장치를 구축하고 이에 관한 보상체계를 마련해야 할 것이다.

'부정적 감정노동'의 표현은 매우 강렬한 감정이다. 인간의 기본 감정 중 하나인 '분노'는 30분 이상 지속할 수 없을 정도로 많은 에너지와 스트레스를 포함한다. 감정노동자 보호법 중 업무강도 '상'에 해당하는 감정표현으로 부정적 감정노동 직업군은 산재에 관한 법의 보호가 가장 시급한 직업군이다.

다차원적 개념의
감정노동

1. 다차원적 개념인 감정노동

긍정적·중립적·부정적 감정노동은 단일차원이 아닌 각각의 다차원적 개념이다. 다시 말해, 별개의 개념이라는 의미로 감정노동을 정의하는 데 매우 중요한 대목이다.

P.29의 |표 3| 〈일본의 정신병 인정기준 중 감정노동 관련 항목〉에서 불만고객의 불만행동 강도에 따라 업무상 질병 인정 범위에 강·중·하로 인정하는 것을 보았다. 예를 들어, 긍정적 감정노동을 표현하는 직업과 긍정적·중립적 두 가지 감정노동을 표현하는 직업 그리고 긍정적·중립적·부정적 감정노동을 모두 표현하는 직업이 있다고 가정하자. 어느 업무의 감정노동이 가장 높겠는가? 이해를 돕기 위해 하나 이상의 감정노동에 노출되는 직업의 예시를 살펴보겠다.

‖ 항공사 승무원 ‖

항공사 승무원의 업무를 긍정적 감정노동과 부정적 감정노동으로 분류해 진행한 연구에서 총 212명을 설문 조사한 결과, 146명(68.9%)이 긍정적 감정노동을 수행한다고 답했으며, 66명(31.1%)이 중립적 감정노동을 수행한다고 답했다(고인곤 외, 2017).

해당 연구에서 긍정적 감정노동을 답변한 집단은 중립적 감정노동을 답변한 집단보다 표면행동과 내면행동, 직무만족도의 평균값이 유의하게 높았다(p=0.002). 앞서 언급했지만, 긍정적 감정노동보다 중립적 감정노동은 근로자에게 더 많은 스트레스를 주는 경향이 있다. 또한, 서로 다른 결과를 보여주어 긍정적·중립적·부정적 감정노동은 서로 영향을 주는 것이 아닌 다차원적 개념이라는 것을 뒷받침하는 결과이기도 하다.

‖ 교사 ‖

교사는 근무 시간의 대부분 긍정적 감정노동을 표현하지만, 중립적·부정적 감정노동을 표현하는 상황에 자주 노출된다(김희진, 2016). 긍정적 감정노동은 친절하게 설명하며, 밝은 태도로 수업에

임하고, 학생들과 즐겁게 상호작용하는 것이다. 중립적 감정노동은 개인감정을 숨기고, 위험한 실험 수업에는 엄격하게 하는 것이다. 부정적 감정노동은 수업을 방해하는 학생을 엄하게 지도하고 야단치는 상황과 교사의 힘든 마음을 학생에게 표현하는 것이다.

| 표 20 | 과학교사들의 감정표현규칙

종류	감정표현규칙
긍정적 감정노동	· 친절하게 설명하기 · 충분히 칭찬하기 · 밝은 태도로 수업하기 · 학생들과 즐겁게 상호작용하기 · 학생들에게 관심 표현하기(학생을 존중하기)
중립적 감정노동	· 개인적 감정을 숨기기 · 실험 수업 시 긍정적인 감정을 숨기기 · 학생의 질문에 당황하는 모습 숨기기 · 무감정하게 지적하기
부정적 감정노동	· 수업에 방해되는 학생을 엄하게 지도하기 · 바람직하지 않은 행동을 하는 학생을 야단치기 · 교사의 힘든 마음을 학생에게 표현하기

출처_김희진(2016)

• 긍정적 감정노동 감정일지_친절하게 설명하기

조별로 돌아다니며 실험을 설명하는데 같은 내용을 계속 모르겠다는 학생 때문에 짜증 나고 속상했다. 평소 수업을 듣지 않아 내용을 반복해서 설명해도 모르겠다고 하는데 포기하지 않고 끝까지 친절하게 답변했다. 과학교사는 과학을 포기하지 않게 학생을 도와줘야 하기 때문이다(김희진, 2016).

• 중립적 감정노동 감정일지_무감정하게 지적하기

자꾸 떠들어 신경이 쓰이고, 수업이 끊겼다. 내가 수업하면 떠들고, 안 하면 조용히 하는 태도가 얄밉고 속상했다. 조용히 좀 하라고 소리 지르고 싶었지만, 소리 지르거나 화내면 안 된다는 생각에 누가 떠들었는지 모르겠지만, 조용히 하라고 했다. 여학생의 감정은 쉽게 상하고 뒤 상황을 생각하면 참는 게 더 편하다고 생각했다(김희진, 2016).

• 부정적 감정노동 감정일지_무감정하게 지적하기

시험 전에 10분간 중요 이론을 설명하려고 했는데, 장난치고 포스트잇을 얼굴에 붙이며 "나는 아바타다" 했다. 중요한 설명이 끊겨 속상하고 화가 났다. 수업에 집중시키려고 심한 장난을 친 학생을 야단치고, 엄하게 지도하며 설명을 들어야 하는 이유를 말했다. 교사로서 시험 전에 핵심개념 전달이 필요하다고 생각한다(김희진, 2016).

이렇게 수업을 전략으로 전환한 것이 |표 11|이다. 교사의 실제 감정과 표현해야 하는 감정 사이의 괴리는 오롯이 감정노동이 되어 돌아온다. 최근 계속 보도되는 교사의 '자살 사건'은 다양한 감정노동에

노출된 교사의 직무 상황을 보호해야 함을 보여준다. 감정노동 전략은 감정노동을 어떻게 변환했는지 다른 직업에서 참고하면 좋겠다.

| 표 21 | 과학교사들의 감정노동 전략

종류	세부 전략	예시
표면 행위	'부정'적 감정을 숨기고 '긍정' 가면을 쓰기	앞 반 수업에서 학생으로부터 교권 침해를 당한 후 뒷 반 수업을 할 때 평소보다 더 밝게 수업함.
	'부정'적 감정을 숨기고 '무표정' 가면을 쓰기	수업 시작부터 소란스러울 때 학생과 교사가 감정이 상하지 않도록 무감정하게 지적하여 집중시킴.
	'슬픔'의 감정을 숨기고 '호랑이' 가면을 쓰기	과학 관련 영상을 보여줄 때 학생들이 잘 보지 않으면 슬프지만, 교육적으로 엄하게 지적함.
내면 행위	'부정'적 감정을 '긍정'적 감정으로 바꾸기	같은 내용을 지속적으로 질문할 때 부정적 감정을 느끼더라도 학생이 과학을 포기하지 않도록 도와야 한다고 생각하며 친절하게 설명함.
	'부정'적 감정을 '중립'적 감정으로 바꾸기	무기력한 모습에 부정적 감정을 느꼈지만 수업내용을 끝까지 전달하려고 감정을 의식적으로 조절함.
	'긍정'적 감정을 '중립'적 감정으로 바꾸기	실험 수업 시 즐거워하는 학생들을 보며 긍정적인 감정을 느끼더라도 학생들이 수업에 집중하도록 감정을 의식적으로 조절함.
	'부정'적 감정을 다른 종류의 '부정'적 감정으로 바꾸기	학생의 무기력한 모습에 교사도 의욕 없고 슬픈 감정을 느꼈지만 잘못된 태도 지적을 위해 감정조절.
	'긍정'적 감정을 다른 종류의 '긍정'적 감정으로 바꾸기	학생들의 황당한 질문에 웃음이 났지만 질문 자체에 대한 기쁨의 감정으로 바꾸기 위해 감정 조절함.
마음에서 우러난 감정	마음에서 우러난 '긍정'적 감정을 표현하기	학생이 과학에 흥미를 느끼는 모습, 교사의 과학 관련 질문에 대답 잘하는 모습, 즐거운 수업활동 모습일 때
	마음에서 우러난 '부정'적 감정을 표현하기	지속적이고 지나치게 수업에 방해되는 행동을 하거나 반응이 없고 무기력한 태도를 보일 때

출처 김희진(2016)

PART 6
·
직무 스트레스로 확장이 필요한 감정노동

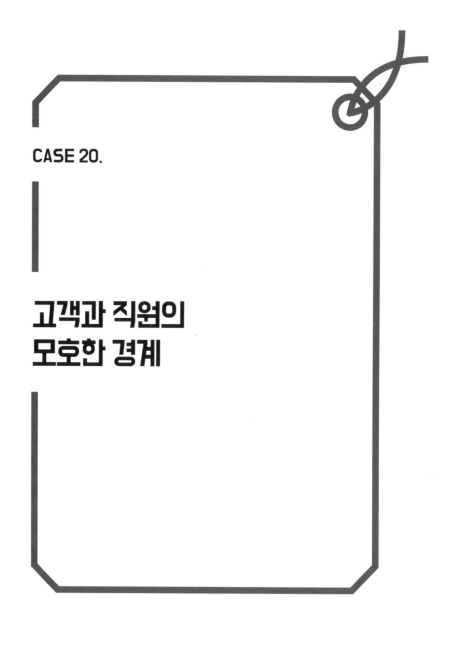

CASE 20.

고객과 직원의
모호한 경계

에피소드 내용은 가상으로 특정 단체나 기업과 관련이 없음을 알립니다.

윤 대리는 아웃소싱 회사인 A 회사에 다니며, B 프로젝트에 파견되어 업무하고 있다. 동료인 김 대리가 지나가다가 윤 대리에게 말을 건다.

김 대리, 표정이 왜 그래? 무슨 일 있어?

윤 대리, 본사 최 과장하고 때문에….

김 대리, 원래 막무가내잖아. 이번에는 무슨 일인데?

윤 대리, 사원이 처리할 수 있는 업무량이 있는데, 무조건 다음 주까지 결과를 보내라잖아. 쉬지 말고 일만 하라는 거지.

김 대리, 또 시작이구나!

윤 대리, 다음 주까지는 어렵다고 했더니, 그럼 B 프로젝트는 다음에 윤 대리 때문에 계약 연장 못하겠다고 하면 되냐고 협박하네!

김 대리, 정상인과 하는 대화라고 생각하면 안 돼. 그리고 윤 대리도 융통성 있게 해! 다음 주까지 한 거 마무리해서 보내고 나머지는 그때 양해 구하면 되잖아. 어쩔 수 없어. 우리는 본사 비위 맞추는 게 업무 중

하나니까….

윤 대리, 아휴!

    윤 대리는 B 프로젝트의 본사 직원에게 업무적으로 괴롭힘을 당하고 있다. 그렇다면 위의 사례는 '감정노동자 보호법'과 '직장 내 괴롭힘' 중 어디에 해당할까? 아웃소싱 회사에서 계약을 체결한 상대 회사의 직원을 보통 '내부 고객'이라 칭한다. 과연 B 프로젝트 본사 직원의 괴롭힘은 '내부 고객'에 해당하는 '감정노동자 보호법'에 적용될까 아니면 '내부 직원'에 해당하는 '직장 내 괴롭힘'일까?

Black Consumer

1. 하청업체의 고객과 직원의 범위는?

유명한 대한항공의 '땅콩 회항 사건'은 미디어에서 감정노동 사건으로 많이 보도되었다. 그러나 이 사건은 직원과 상사와의 사건으로 국내법에 적용한다면 '감정노동자 보호법'이 아닌 '직장 내 괴롭힘'을 적용하는 것이 맞다. 이렇게 다양한 자극적인 사건에서 '고객'과 '직원'의 경계를 명확히 하지 않고 보도된 사례가 많다.

그렇다면, 하청업체는 어떨까? 보통 하청업체가 수주를 따는 과정은 비용, 운영방안 등의 전문적인 내용을 토대로 진행하지만, 막상 판을 열어보면 접대와 같은 객관적이지 않은 업무도 존재한다. 고객센터 아웃소싱 업체를 경험한 필자는 실제로 술만 마시는 술 과장의 존재를 보았다. 본사 과장이나 더 윗사람의 비위를 맞추려고 새벽까지

술을 마시는 것이다. 이것을 비공식적이지만 업무의 연장으로 보았다는 증거는 술값을 법인카드로 결제하고, 이를 회사에 제출했다는 점으로 충분할지 모르겠다.

그뿐만이 아니다. 하청업체가 근무하는 건물에 본사 직원이 파견 나오는 경우가 있는데, 실로 왕 대접하듯이 대접해야 한다. 어느 날은 하청업체 직원끼리 간식을 먹고 있었다. 이를 목격한 30대 본사 대리가 하청업체의 50대 상무님께 삿대질하며 본사 40대 과장님을 챙기지 않고 '너희 목구멍으로 넘어가냐?'고 물었다.

이쯤에서 다시 묻고 싶다. 본사 직원에게 감정노동을 느꼈다면, 이는 '감정노동자 보호법'에 적용해야 할까? '직장 내 괴롭힘'으로 적용해야 할까? 한국은 아웃소싱(하청업체) 기업이 많다. 이는 비용 문제와 직결되어 있어 쉽게 해결할 수 있는 일이 아니다. 특정 업무에 대해 하청을 준다면 도급비에 해당하는 금액만 지급하면 되지만, 직원으로 채용하면 이들의 급여뿐 아니라 복리후생, 퇴직금 등 직원이 늘어나는 것만으로 노동법과 세무 관련 업무가 증가한다. 기업은 이러한 문제를 해결하기 위해 해당 분야의 전문적인 아웃소싱 회사를 이용한다.

이런 이유로 아웃소싱과 협력 업체가 많은 한국 사회에서 '감정노동자 보호법'과 '직장 내 괴롭힘'의 두 가지 법안을 유지하려면 '고객'과 '직원'의 범위를 명확히 정의할 필요가 있다.

‖ 감정노동 종사자 건강보호 가이드 ‖

고용노동부의 감정노동 종사자 건강보호 가이드 아웃소싱 회사에서 흔히 사용하는 '내부직원'과 '내부고객'이라는 경계가 모호한 용어에 대한 구분이 포함되지 않았다. 직원이면 직원이고, 고객이면 고객이지 '내부직원'과 '내부고객'이라는 용어는 어떤 의미일까?

특히, 같은 업무를 할 경우에는 직원과 고객 그리고 외부와 내부의 경계는 더 난해해진다. '감정노동자 보호법'과 '직장 내 괴롭힘' 두 법안에서 이것에 대한 정의를 제외하고 말하는 것은 반쪽인 법안이나 마찬가지이다. 적용할 대상과 주체를 먼저 명확해야 할 것이다.

CASE 21.

직무 스트레스로
확장 필요

1. 개선이 필요한 감정노동자 보호법

선진국은 '직무 스트레스'의 용어로 한국의 '감정노동자 보호법'과 '직장 내 괴롭힘'을 모두 포괄해 사용한다. 한국도 경비원처럼 '고객'의 용어를 사용하지 않는 '서비스업' 이외의 직업에서 발생하는 감정노동 상황 등을 포괄하기 위해서는 각각의 용어 정리와 법의 적용 범위 등을 정의하는 복잡하고 힘든 과정을 거쳐야 한다. 이를 해소하기 위해서 선진국처럼 이 모든 것을 통합하는 '직무 스트레스'로 용어를 통합하는 것이 현재로서는 가장 합리적이라고 생각한다.

용어를 통합해 적용 대상과 적용 범위를 확장하고 이후에 긍정적·중립적·부정적 감정노동과 같은 강도가 다른 직무 스트레스에 대해 별도의 매뉴얼을 만든다면 모든 근로자가 스트레스의 강도에 따라 적절한 보호를 받을 것이다.

먼저 앞에서 살펴본 현재 감정노동자 보호법의 문제점을 정리하면 다음과 같다.

1. 객관적인 감정노동 수준을 측정할 매뉴얼의 필요성

- 일본과 같은 구체적인 감정노동 강도를 참고할 매뉴얼이 필요함.

2. 고객과 직장인의 경계가 모호한 다양한 상황고려가 미흡한 점

- '내부 직원', '내부 고객'을 사용하는 국내 기업의 특성을 반영하려면 정확한 용어와 범위에 대한 정의가 필요하다.

3. 긍정적·중립적·부정적 감정노동 중 긍정적 감정노동만 고려함으로써 실질적인 직무 스트레스의 강도 측정이 어려운 점

- 다양한 연구에서 긍정적 감정노동은 평온한 감정 상태에서 오히려 긍정적 감정을 나타냈으나 긍정적 감정노동을 표현하는 '서비스 노동직'에만 법이 적용되도록 제한을 두고 있어 범위가 한정적이다.

3. 감정노동의 다차원적인 특성을 반영하지 못한 점

- 긍정적·중립적·부정적 감정노동은 각각 업무강도나 실질적인 직무 스트레스가 모두 다를 수 있어 이를 반영해야 함.

4. 이 외에 개인 특성과 직종 특성을 반영하지 못한 점

- 직업별 자유도, 개인의 심리가 특히 약한 취약성-스트레스 모델 등 개인과 직종의 특성에 따라 직무 스트레스의 정도는 다를 수 있음.

이미 고용노동부의 〈감정노동 종사자 건강보호 가이드〉에는 이런 내용의 필요성이 반영된 듯하다. 건강보호 가이드를 서비스업에 한정하지 않고 일반 근로자를 위한 건강보호 가이드를 추가했으며, 직업별로 〈감정노동자 보호 매뉴얼〉을 만들어서 각 사업장에서 사용하도록 권고하고 있다.

2. 선진국의 직무 스트레스

선진국에서는 근로자의 직무 스트레스를 어떻게 보호하고 있는지 국가별로 살펴보면 다음과 같다.

‖ 일본 ‖

일본은 기업이 적극적으로 노동자의 마음 건강을 유지하는 노력을 하도록 노동자의 정신적인 건강을 법률로 보호한다. 1999년부터 노동안전위생법에 따라 사업자는 사업장에서 '노동자 마음 건강 유지 증진을 위한 지침서'를 따르도록 의무화되었다. 노동자가 근무 중에 발병의 원인이 된 작업을 했다면 산업재해로 인정한다. 자살이나 자해 등 심각한 정신적 피해를 받았을 경우 사용자에 대해 안전 배려 의무 등을 위반한 책임을 물을 수 있다.

소니는 회사에 'Wellness Center'를 설치하고 정신과 의사가 상주하며 외부 전문기관을 통해 상담과 컨설팅을 진행한다. 국내 대기업도 최근 회사 내에 상담소를 설치해 상담가를 채용하는 추세이다.

‖ 독일 ‖

독일은 서비스업종에 대한 감정노동 행동지침을 마련하고 있다. 의사소통 능력, 스트레스 해소법을 직원에게 교육하고 격려와 지지를 제공한다. 좋은 성과를 낸 직원에게 인센티브를 제공하며 감정노동의 어려움을 겪는 직원은 감정해소 방안을 훈련한다. 여기까지는 국내의 기업과 거의 비슷하다. 업무배정 시 직원의 성향과 특성을 고려해 배정하며 불만처리 시 직원에게 판단과 결정에 대한 자율성을 제공한다는 것이 국내 기업과 차별되는 부분이다.

국내에도 직원의 특성을 고려해 업무를 배정하는 기업이 있다. 최근 입사 시에 MBTI를 묻는 회사가 많아졌다는 것 또한 직원 성향을 고려하는 한 방법일 것이다. 그러나 직원 특성을 어떻게 고려할 것인가에 관한 규정 기준은 없다. 다시 말해, 업무 성격과 직원 특성이 어떤 기준으로 연관 지어 적합성을 판단할 것인가의 복잡한 문제가 남아있다. '단순히 ISTJ는 성실하다' 이런 의미가 아닌 업무의 특성과 직원의 성향을 연결 지어 판단하는 경영학과 심리학이 연결된 객관적인 판단기준이 필요하다. 이것은 전문가의 도움이 필요하다. 단순한 담당 관리자의 주관적 판단은 의미가 없다. 주관적 판단을 어떻게 최소화할 것인가에 대한 매뉴얼이 필요하다.

또한, 고객불만 처리 시 직원에게 판단과 결정에 대한 자율성을 제공하는 것에 관해서 범위를 어디까지 정할 것인가의 과제도 있다. 현장에서 강의하며 느낀 점은 직원 판단에 대한 자율성이 모든 기업에 적용되기까지는 시일이 더 걸릴 것으로 보인다.

‖ 영국 ‖

〈HSE의 감정요구 직업에 대한 보고서〉에 따라 직업적으로 발생하는 감정노동을 특별히 관리한다. 앞서 독일 사례에서 언급했던 직원의 특성이나 직무 특성에 대해 영국은 더 면밀히 관리되고 있다. 〈HSE의 간정요구 직업에 대한 보고서〉에 따르면 감정노동이 건강에 미치는 영향은 직무 특성에 의해 달라지므로 직무 특성과 함께 관리해야 한다고 기재되어 있다. 또한, 감정노동 경험에 대한 다양한 관심과 접근이 필요하며 직무 구성이나 건강 중재 방안을 모색해야 한다고 권고한다. 모든 면에서 상황에 맞는 면밀한 검토와 평가가 이루어져야 한다고 강조한다.

고객센터 내에서 일반 상담직과 불만고객 전담팀 팀장의 업무는 모두 상담업무로 동일하나 직무 특성이 다르다. 일반 상담직은 웃으며 고객을 대하나, 팀장은 심한 경우 블랙컨슈머까지 응대한다. 당연히 감정노동의 강도가 다르다. 이런 부분의 면밀한 검토가 필요하며 그에 따른 평가가 별도로 이루어져야 한다.

‖ 유럽 ‖

유럽은 직무 스트레스를 제조업과 서비스업에 광범위하게 적용해 산업재해 범위를 사고 중심에서 질병 중심으로 확대하고 있다. '사고 중심'은 사고가 발생한 경위를 조사하고 조사 결과를 중심으로 산업재해의 범위를 정하는 것이다. 사건을 떠올려 '언제, 어디서, 어떻게, 누가, 무엇을, 왜'의 육하원칙에 의해 사건 경위를 조사한다. 그 과정에서 누가 누구에게 어떤 상해를 입혔으며 과정이 어떠했는지가 굉장히 중요한 단서가 된다. 그러나 '질병 중심'은 산업재해 범위를 '질병'으로 정하는 것이다. 즉,

유럽은 과정보다 결과적으로 직원이 질병을 얻었다면 그것에 중점을 두어 보상을 적용하도록 법과 제도가 이루어져 있다. 산업안전 건강문제와 관련해서 구체적인 매뉴얼이 제시되어 있으며 직장에서 받는 스트레스를 차별행위라고 간주하여 이를 법으로 처벌할 수 있도록 하고 있다.

국내의 움직임을 살펴보면 결과적으로 유럽의 산업재해 범위와 유사하게 확장될 가능성이 있다고 2019년에 출간된 〈진상 고객 갑씨가 등장했다〉 도서에 기재했다. 사건을 조사하고 결론을 내는 '사고 중심' 방식에서 근로자의 질병의 원인이 직무에 있는지를 살피는 '질병 중심'으로 산업재해의 범위가 확대되는 것은 시간이 필요하다. 2018년 10월 18일 산업안전보건법이 시행된 이후에 산업재해 인정 사례를 살펴보면 이제 국내에서도 인정되고 있음을 알 수 있다.

- 고객의 다양한 불만처리와 과도한 책임으로 업무에 시달리던 콜센터 팀장이 공황장애로 진단받아 산업재해 인정
- 콜센터 A/S 상담실에서 전화 통화 시 고객과 다툼이 생기자 통화 종료 후 구토 증상을 호소하며 쓰러져 산업재해로 인정받음
- 대형마트에서 고개으로부터 성희롱과 폭언을 듣고 정신적 스트레스를 호소한 근로자에서 적응장애가 발생하여 산업재해 인정

3. 선진국의 감정노동 정신질병 인정기준

이번에는 선진국 중 가까운 일본의 경우 '감정노동'으로 인한 산재의 정신질병 인정기준을 살펴보겠다. 고용노동부의 《감정노동으로 인한 업무상 질병 인정범위 및 기준에 관한 연구》_고용노동부, 2015에서 상세하게 확인 가능하다. 일본은 노동기준법 시행규칙 제35조 업무상 질병의 범위에서 '노동기준법 제75조 규정에 의한 업무상 질병은 별포 제1의 2에 의한다'로 명시하고 있으며, 업무상 질병은 "생명을 위협하는 사고의 발생, 기타 심리적으로 과도한 부담을 주는 사건을 수반하는 업무에 의한 정신 및 행동장애 또는 이와 관련된 질병"으로 규정하고 있다. 이러한 시행규칙하에 1999년 제정된 '심리적 부하에 의한 정신장애 등에 관련된 판단지침에 관하여'를 근거로 산재 승인이 시행되었다. 정신질병 인정 요건은 다음과 같다.

• 첫째, 대상 질병이 발병된 상태이다.
선진국은 감정노동 인정기준이 '사고 중심에서 질병 중심'으로 발전되었다고 언급한 바 있다. 일본도 마찬가지로 대상 질병이 발병되면 산업재해로 인정받을 수 있다.
• 둘째, 대상 질병의 발병 전 대략 6개월 사이에 업무에 의한 강한 심리적 부하가 인정되는 경우이다.

이 경우에는 업무 중 과도한 스트레스를 받았다는 증거자료를 제시해야 한다. 일본은 업무상 심리적 부하의 강도를 강, 중, 약으로 구분하고 구체적으로 기재하고 있다. 예를 들면 강은 '통상이라면 거절하는 것이 분명한 주문(실적에 현저한 악화가 예상되는 주문, 위법행위를 내포하는 주문) 등이지만, 중요한 고객이나 거래처이기 때문에 이를 주문받아 타 부문이나 다른 거래처와 곤란한 조정을 하게 된 경우'이다. 중, 약에 속하는 기준도 구체적으로 기재되어 있다. 주목할 것은 해당하는 업무가 반복되는 경향이 인정되는 경우 한 단계 강도를 상승시킬 수 있다. 중의 업무가 반복되면 강으로, 약의 업무가 반복되면 중으로 조정이 가능하다.

- **셋째, 업무 이외의 심리적 부하 또는 개인적 요인에 의해 대상 질병이 발병했다고는 인정되지 않는 경우이다.**

이 마지막 사항이 난해한 부분이 있다. 신체 건강은 주기적으로 건강검진을 받으나 정신적인 문제가 없는데도 정신과에 방문해 정신건강을 점검하는 사람은 거의 드물기 때문이다. 오히려 정신적인 문제가 발생해도 진료받지 않는 사람도 있다. 진단명이 나오면 그것이 업무상 발생한 것인지 기존에 가지고 있었던 질병인지 증명할 방법이 없다는 것이다. 평소 성격이나 생활 태도 등으로 미루어 짐작할 수밖에 없다. '개인적 요인에 의해 대상 질병이 발병했다고 인정되지 않는 경우'의 의미는 바로 이것이다.

4. 감정노동으로 인정된 정신장애

고용노동부의 〈감정노동으로 인한 업무상 질병 인정범위 및 기준에 관한 연구〉에서 일본의 경우 노동으로 인한 정신장애를 산재로 인정받은 사례를 기준으로 작성했다. 감정노동으로 인정된 6개의 정신장애를 DSM-5 기준 명칭으로 작성하면 다음과 같다.

1. 주요우울장애(Major Depressive Disorder)
- 지속되는 우울 기분, 의미 있는 체중의 감소나 증가, 불면이나 과다수면, 집중력이나 사고력 감소, 반복적인 죽음에 관한 생각, 흥미나 즐거움 감소 등

2. 적응장애(Adjustment Disorder)
- 스트레스 요인이 시작한 지 3개월 이내 발달, 사회적, 직업적 또는 중요한 기능의 현저한 손상, 스트레스의 강도와 맞지 않는 현저한 고통

3. 외상 후 스트레스 장애(Posttraumatic Stress Disorder)
- 외상성 사건의 경험이나 목격 이후 나타남, 중요 부분에 대한 해리성 기억상실, 과장된 부정적인 믿음, 외상성 사건에 대한 왜곡된 인지, 장

애 기간이 1개월 이상

4. 급성 스트레스 장애(Acute Stress Disorder)

- 외상 후 스트레스 장애와 동일하며 3일에서 1개월까지는 급성 스트레스 장애로 진단됨

5. 불안장애(Anxiety Disorder)

- 두려워하거나 회피하는 상황에 대한 위험을 과대평가하며 지속해서 나타나는 불안과 공포

6. 공황장애(Panic Disorder)

- 반복적인 공황발작, 심장 박동수 증가, 발한, 질식할 것 같은 느낌, 메스꺼움, 감각 이상, 비현실감, 죽을 것 같은 공포 등이 나타남. 적어도 1회 이상 발작 이후 1개월 이상 지속.

각 정신장애에 대한 세부내용은 간단하게 압축한 것이니 상세내용은 전문가와 상의하기를 바란다. 여기에서는 간단하게나마 정신장애에 대한 이해를 돕기 위해 기재했으니 참고하자!

PART 7

·

감정노동
보호 및 해소

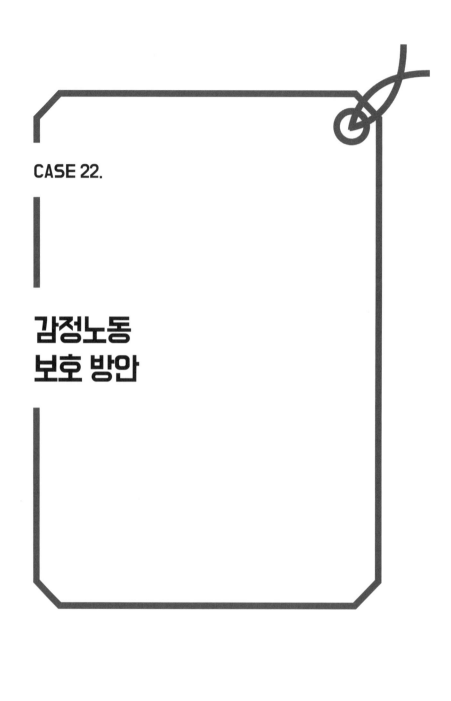

CASE 22.

감정노동
보호 방안

1. 감정노동 보호 방안

감정노동 보호 방안은 두 가지 측면에서 접근할 수 있다.

첫째, 사전에 감정노동을 방지하는 방법이다.

감정노동 상황이 일어나기 전에 최대한의 방어를 취하는 것이다. 비대면 업무의 예시로는 대부분의 고객센터에서 상담원 연결 전에 '감정노동자에게 폭언하지 말아 주세요' 등의 안내 멘트를 방송하고 있다. 대면 업무의 예시는 택시나 버스에서 고객과 분리하는 막을 설치하는 것도 마찬가지이다. 이외에도 '감정노동자 보호 무구'의 혀수막 설치, 비상 상황 발생 시 감정노동자 보호를 위한 인력 배치, 경찰의 감정노동 보호가 가능한 비상 버튼의 설치 등이 있다. 이러한 예방은 일차원적인 방법이다.

좀 더 적극적인 예방 방법은 '감정노동 보호 매뉴얼'을 만들어 사전에 직원을 교육·훈련하고 감정노동 상황이 발생하면 근로자가 감정노동 상황에 노출되는 시간을 최소화하는 방안이다. '감정노동 매뉴얼'을 시행하려면 사전에 '불만고객 담당자'가 지정되고, 고객의 불만행동 정도에 따라 코드를 분류하고 경찰에 신고하는 담당자까지 정한다. 사전에 직원을 교육한다는 것은 설사 직원이 처음 겪는 일이라도 처리 방안을 숙지해 당황하지 않고 실행할 수 있어 감정노동 수준을 낮추는 역할을 한다.

마지막으로 평소에 직원에게 감정노동 해소 방안을 알려주는 것이다. 감정은 나의 것이다. 자기감정을 제어할 방법을 교육·훈련한다면 같은 상황을 겪어도 감정노동 수준을 스스로 낮출 수 있다.

둘째, 감정노동 상황에서 해결하는 방안이다.

감정노동 상황이 발생하면 감정노동자를 보호하기 위해 바로 상황을 처리해야 한다. 가장 좋은 방법은 '감정노동 보호 매뉴얼'을 사전에 만들어 직원을 교육·훈련하고 그대로 시행하는 것이다. 매뉴얼에 따라 불만고객 담당자가 직원을 보호하기 위해 현장에 투입되어 직원이 감정노동에 노출되는 시간을 최소화한다. 특히 불만고객은 흥분 상태라 소비자의 불만사항이 아닌 담당자에 대한 불만으로 사태가 커질 수 있어서 담당자를 변경하거나 다른 담당자가 투입되는 것은 문제해결에 도움이 된다.

또한, 내부 인력으로 해결이 어려운 폭언이나 폭행은 경찰에게 도움을 요청한다. 급박한 상황에 빠르게 처리되도록 불만고객 담당자와 경찰에 신고할 담당자는 사전에 별도로 지정하는 것이 좋다.

마지막으로 사건이 해결된 후에 감정노동자에게 충분한 휴게시간이 제공되어야 하며, 필요한 경우에는 심리상담 등 심리적인 지원도 제공되어야 한다.

2. 매뉴얼과 프로세스 맵

‖ 매뉴얼이란 ‖

매뉴얼_manual은 ① 업무개선 활동의 수행 조직, ② 개선활동 관리방법 및 운영규칙, ③ 기업의 업무수행 방법을 한눈에 정의한 업무 프로세스 맵 등이다. 쉽게 말해 업무에 필요한 모든 내용, 즉 업무수행 방법, 필요한 자재 및 자원, 작업순서 등을 기술한 서류다.

업무수행 방법을 구체적으로 자세하지만 간결하게 기재하는 호텔

서비스의 매뉴얼의 예시를 살펴보면 몇 초 이내에 대답할지, 문을 3분의 1 가량 여는 등 어느 직원이 읽어도 동일한 서비스를 제공하게 구체적이고 자세히 기재된다. 추상적인 형용사를 피하고, 구체적인 단어와 숫자를 사용하는 것은 이런 이유 때문이다.

‖ 프로세스 맵이란 ‖

매뉴얼은 자세히 기재되어 있어 교육하더라도 현장에서 사용하기에는 복잡하다. 그래서 빠르게 스캔이 가능한 프로세스 맵의 활용도가 높다. 이미 교육받은 내용으로 어느 시점에 어떤 것을 하면 되는지 점검하는 용도로 프로세스 맵을 사용하면 좋다.

기업은 사원을 교육·훈련하기 위해 많은 비용을 투자한다. 현장에서 간단히 사용하는 프로세스 맵은 이런 인력을 교육·훈련하는 비용의 절감 효과를 가져온다. 매뉴얼을 프로세스 맵으로 변환하기 위해 사용하는 기호는 컴퓨터에서 사용하는 기본적인 순서도 기호이다.

매뉴얼 작성에 대한 기본지식을 이해하고 해당 영업장의 상황을 연결하면 '감정노동 보호 매뉴얼'을 작성하는 것은 어렵지 않다. 매뉴얼 작성의 예시를 살펴보고, 나의 영업장에 맞는 매뉴얼을 작성하자!

3. 감정노동 보호 매뉴얼

먼저 대면 영업장의 대면 업무의 매뉴얼 예시를 살펴보겠다.

● 코드명 발령 방법 코드 블랙_Code Black/대면 영업장의 대면 업무

1. 응대하며 코드 블랙_Code Black이 확인되면 1분 내로 코드명 발령한다.

2. 담당자는 경찰 신고와 동시에 해당 직원을 보호하도록 다른 직원을 보낸다.

3. 언행 중단을 요청하며 감정노동자 보호법에 적용됨을 고지한다.

4. 상담실로 장소를 옮기도록 설득한다.

5. 경찰이 도착하면 함께 상담한다.

6. 계속해서 폭언·폭행하는 경우, 경찰서로 대동해 경위서를 작성한다.

7. 상담 종료 후 담당자에게 휴식시간 30분 부여한다.

8. 사법 조치에 관해 법무팀에 의뢰한다.

9. CCTV, 증인 등 증거자료를 확보해 경찰에 제출한다.

10. 사법처리 여부를 결정한다.

11. 고객불만 내용을 사실에 입각해 VOC를 작성한다.

12. 블랙리스트로 추가 시 불만고객 전담팀에서 결정한다.

13. 불만고객 전담팀은 보고서를 작성한다.

14. 접수한 VOC에 관해 본사 피드백이 오면 전체공지 후 직원을 교육한다.

□ 각 번호에서 고객이 중단하고 수긍하는 경우 코드명을 종료하고 7번부터 진행한다.

페이지에서 블랙컨슈머의 유형을 코드로 분류했는데, 코드에 따라 매뉴얼을 작성한다. 위의 매뉴얼을 프로세스 맵으로 변환해 보자!

● **프로세스 맵** 코드 블랙_Code Black/대면 영업장의 대면 업무

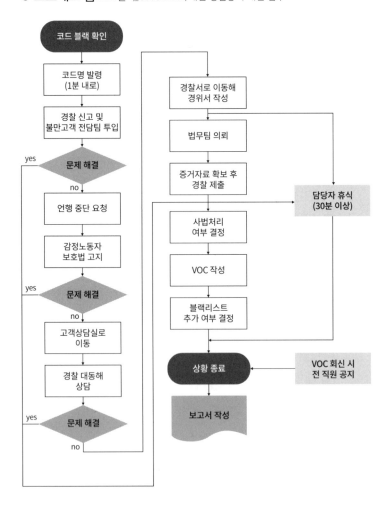

예시는 각 영업장의 인력이나 상황에 맞게 수정해서 사용한다. 다음은 블랙컨슈머인 '코드 블랙'에 대한 비대면 영업장의 비대면 업무 매뉴얼이다.

● **코드명 발령 방법** 코드 블랙_Code Black/비대면 영업장의 비대면 업무

1. 응대하며 코드 블랙_Code Black이 확인되면 1분 내로 코드명 발령한다.

2. 불만고객 전담팀은 해당 직원과 고객과의 상담을 예의주시한다.

3. 폭언 중단을 요청하며 감정노동자 보호법에 적용됨을 고지한다.

4. 중단하지 않을 경우 전화를 먼저 종료함을 고지한다.

5. 계속해서 폭언하는 경우 선종료한다.

6. 선종료 후 재인입을 고려해 고객 번호에 메모하고 전 직원에게 공지한다.

7. 불만고객 전담팀이 고객에게 연락한다.

8. 상담 종료 후 담당자에게 휴식시간 30분 부여한다.

9. 사법처리 여부를 결정한다.

10. 녹취 및 증거자료를 확보해 둔다.

11. 고객불만 내용을 사실에 입각해 VOC를 작성한다.

12. 블랙리스트로 추가할지 불만고객 전담팀에서 결정한다.

13. 불만고객 전담팀은 보고서를 작성한다.

14. VOC 결과에 본사 피드백이 오면 전체공지 후 직원을 교육한다.

☐ 각 번호에서 고객이 중단하고 수긍하는 경우 코드명을 종료하고 8번부터 진행한다.

매뉴얼을 프로세스 맵으로 변환하면 다음과 같다.

● **프로세스 맵** 코드 그레이_Code Gray/비대면 영업장의 비대면 업무

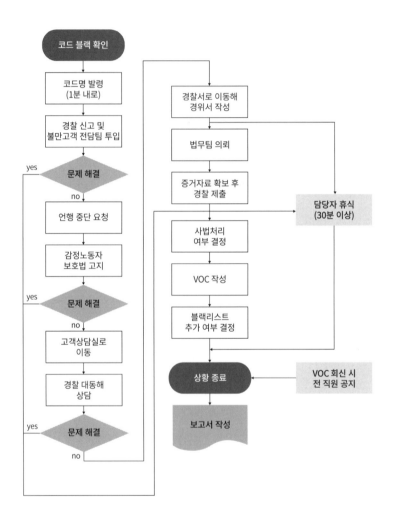

고용노동부에서는 감정노동 상황 직후에 노동자에게 휴식시간을 '10분 이상'으로 제공할 것을 권하고 있다. 하지만 인간의 분노는 최소 30분이 지나야 진정되어 여기에서는 '30분 이상'을 기재했으니 영업장에 맞게 수정해서 사용하자.

또한, 내용증명 발송, 불만고객 훈계 처리 정도에서 끝나는 경우가 대부분이라 고용노동부의 매뉴얼처럼 사법처리 여부 결정에 관해 법무팀에 이관하는 내용은 기재하지 않았다. 경찰서에서 경위서를 작성하기 전에 고객 대부분은 사태의 심각성을 수용하고 불만행동을 중단한다. 그러나 중단하지 않으면 코드 블랙(Code Black)에 해당하는 고객 건은 법무팀의 의견을 듣고 이후에 진행하기를 권한다.

지금까지 코드 블랙(Code Black)의 상황에 관해 매뉴얼 예시를 보았다. 매뉴얼에 대해 더 자세한 내용은 〈진상고객 갑씨가 등장했다〉(윤서영, 2019) 도서를 참고하자. 각 영업장에 맞게 매뉴얼을 수정·보완해 모든 영업장에 도움이 되며 모든 직원이 보호되기를 희망한다.

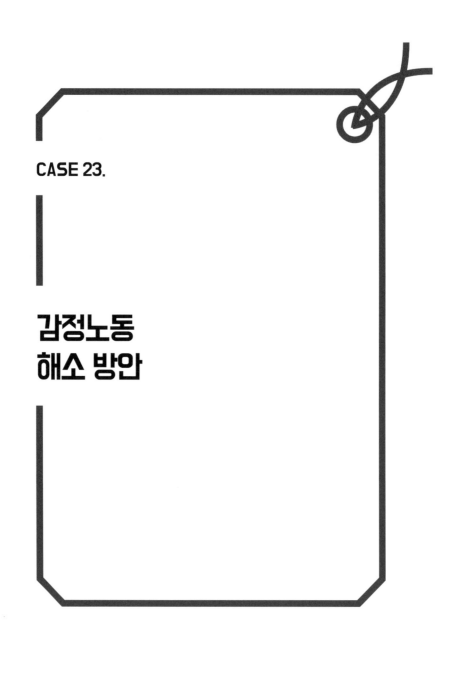

CASE 23.

감정노동
해소 방안

1. 감정노동 프로세스

　다양한 감정노동 프로세스 모델에서 직업의 직무특성, 환경요인, 개인특성과 함께 감정노동에 영향을 미치는 것으로 확인되었다. Grandey는 |표 1|의 〈감정조절과정 모델 프로세스〉에서 조직이 종사원에게 요구하는 감정표현규칙에 따라 감정노동 수치는 다양한 요인의 영향을 받는다고 했다. 표현규범은 감정노동(=감정표현규칙)에 해당하며 노출된 빈도나 기간에 따라 감정노동 수치가 달라진다.

　'상호작용기대'의 하위개념은 빈도, 기간, 다양성, 표현규범이고, '감정사건'의 하위개념은 긍정저 사건, 부정저 사건이며, '개인 요인'의 하위개념은 성별, 감정표현력, 정서지능, 정서성이다. 개인의 당시 기분 상태나 심리 특성에 따라 같은 사건도 감정노동 수준이 달라질 수 있다. '외부 요인'은 직무자율성, 상사지지, 동료 지지로 조직문화와도 연결된 개념이다. '조직적 안녕'의 하위개념은 성과, 철회행동, '개인적 안녕'의 하위개념은 소진과 직무만족이다. 프로세스의 맨 윗줄은 '상황적 신호'가 감정조절 과정에 영향을 미쳐 '장기 결과'로 나타나는 것을 의미한다. 모든 '개인적, 조직적 상황'의 원인이 감정노동 수준에 영향을 미치며 '개인적 안녕'과 '조직적 안녕'의 결과로 이어진다.

| 그림 9 | Grandey의 감정조절과정 모델 프로세스

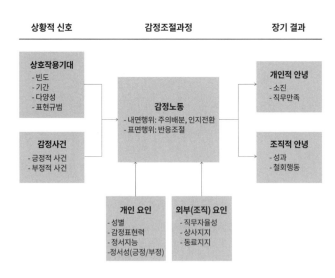

출처_Grandey(2000), 유종연(2019)

Grandey의 감정조절과정 모델 이후에 다양한 관점에서 연구자들의 감정노동 프로세스가 개발되었다. 공혜원, 김효선(2014)의 연구에서 근거이론의 패러다임 틀을 기반으로 |표 1|의 감정노동 프로세스를 도식화했다. 감정노동을 '조직 및 사회적 차원'과 '개인 차원'의 중재적 조건으로 나누고 원인적 조건, 맥락적 조건, 중심현상, 상호작용, 결과로 이어지도록 했다.

| 그림 10 | 감정노동 프로세스

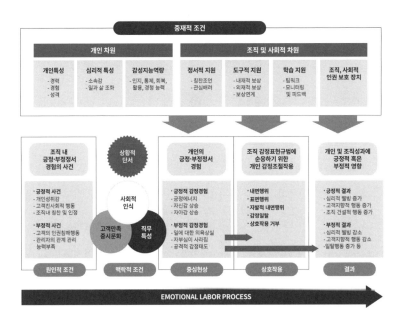

출처 감정노동 프로세스(공혜원, 김효선, 2014)

기업에서 조직원의 감정노동을 감소시키기 위해 '조직 및 사회적 차원'을 활용하며 '개인 차원'을 독려하면 효과가 높을 것이다. '정서적 지원'인 칭찬, 조언, 관심을 주고, '도구적 지원'인 보상체계나 승진 등 경력개발에 도움을 주며, '학습 지원'인 팀워크와 모니터링에 대한 교육이 필요하다. 이외에 〈감정노동 보호 매뉴얼〉과 같은 인권 보호 장치에 대한 교육훈련도 조직에서 존중받는 느낌이 들 수 있다. 표를 살펴보면 더 자세히 알 수 있다.

2. 마음챙김

개인이 감정노동을 해소하기 위한 구체적인 프로그램을 소개하려고 한다. 잠시의 시간을 내어 나의 마음에 평온을 찾도록 노력하자!

마음챙김(mindfulness)의 어원은 고대 인도어인 팔리(Pali)어 'sati'의 우리말 번역어이다. sati는 일어나고 사라지는 몸과 마음의 현상을 감지하여 '알아차리는 것'을 의미하며, 알아차림(awareness), 주의(attention), 기억(remembering)이라는 의미가 있다(C.K.Germer, et al. 2012). 마음챙김은 현재 경험하는 감각(시각, 후각, 청각, 미각, 촉각), 감정, 생각을 아무런 판단이나 집착 없이 있는 그대로 알아차리는 것을 의미한다(Jon Kabat-zin, 2013).

다양한 클리닉 연구소에서 마음챙김 명상은 우울증, 외상 후 스트레스 장애, 불안장애, 사회공포증, 불면증, 약물남용 등의 정신질환을 치유할 뿐만 아니라 암, 만성통증, 심장질환 등 신체 질병 치료에도 긍정적인 효과를 미치는 것이 확인되었다(Shauna L. Shapiro, 2009).

마음챙김 명상은 치료 목적뿐 아니라 일반인의 스트레스 해소로 정신건강을 증진하고, 주의력·집중력 등 사고능력을 향상시키며, 감성·공감·연민·지혜 등 잠재적인 인간의 심성을 계발하는 데 효과가 있어 사회복지, 교육 등 다양한 분야에서 활용된다(김기대, 2014). 수행 방법은 일정 시간 정해진 방식으로 수행하는 공식 명상과 일상생활이나 사회활동과 병행하는 비공식 명상의 형태가 있다.

• 공식 명상_formal practice

의자나 바닥에 바르게 앉아 호흡부터 몸 전체의 감각, 감정, 생각을 알아차리는 정좌 명상(sitting meditation), 걸으며 바닥에 닿는 발바닥 촉감부터 발, 다리, 팔, 나아가 몸 전체의 움직이는 감각을 알아차리는 걷기 명상(walking meditation), 누운 자세로 왼발, 왼 다리, 오른발, 오른 다리, 골반, 배, 허리, 등 이어서 가슴, 어깨, 양손, 양팔, 목, 얼굴, 머리로 옮기면서 감각을 알아차리는 바디 스캔(body scan), 요가 동작을 취하며 감각을 알아차리는 요가 명상(mindful yoga) 등이 있다(Jon Kabat-zin, 2005).

| 그림 11 | 마음챙김과 마음놓침

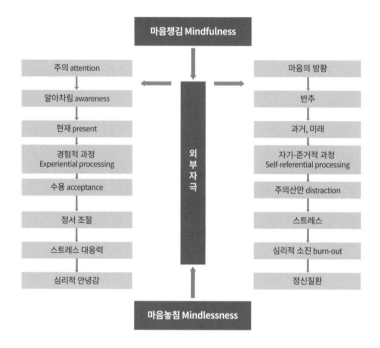

출처 감정노동 프로세스(공혜원, 김효선, 2014)

• 비공식 명상_informal practice

식사, 청소, 운동, 출퇴근 등 일상생활 하며 호흡, 감각, 감정, 생각을 알아차림으로 수행한다(Jon Kabat-zin, 2005). 가족, 직장동료 등 인간관계에서 상대방 말에 온전히 주의를 기울이는 '마음챙김 듣기(mindful listening)', 호흡 명상으로 분노, 잡념, 조급함에서 벗어나 상대방을 충분히 고려하며 말하는 '마음챙김 말하기(mindful speaking)'가 예이다. 일하던 중 생각을 멈추고(Stop), 몇 차례 깊게 호흡하고(Take a few deep breaths), 현재 일어나는 생각, 감정, 감각을 관찰하고(Observe) 일을 계속하면(Proceed) 부정적 심리에서 벗어나 효과적인 업무수행이 가능하다(Elisha Goldstein, 2013).

마음챙김이란 지금 여기에서(here and now) 자기 마음의 일어나는 모든 현상에 깨어 있는 것을 의미하며, 이를 위해 마음에서 일어나는 현상에 집중해야 하며, 현상을 정확하게 알아차릴 수 있어야 한다. 마음에서 일어나는 현상을 판단, 평가, 비교, 분석, 추론하지 않고 바라보는 순수한 관찰을 의미하며 명상을 통한 훈련으로 수준을 높일 수 있다(J.Kabatzin, 2013). 마음챙김 명상이 다른 명상과 구분되는 가장 큰 특징은 모든 현상을 있는 그대로 바라보는 것이다. 일반적인 명상은 주의 집중할 대상을 정하고 그 대상에 순수하게 마음을 두는 것에 초점을 둔다면, 마음챙김 명상에서는 주의집중의 대상을 정하지 않고 매 순간의 경험에 집중한다(P.Grossman et al. 2004).

앞서 소개한 법조인의 직업군에서 미국 로스쿨에서 법 실무와 로스쿨 교육에 마음챙김 명상을 도입했고, 이것이 법 실무에 긍정적인 효과를 미친다는 내용을 보았다. 다양한 연구에서 마음챙김 명상이 스트레스 감소와 업무능력을 향상시키는 결과를 볼 수 있었다.

마음챙김과 반대되는 개념으로 마음놓침(mindlessness)이 있는

데, 우리가 일상생활에서 흔히 경험하는 마음의 방황상태를 의미한다(최연희, 2017). 연구에 따르면 휴식 중 50% 이상 뇌가 활동하는데, 그중 90% 이상 같은 생각을 맴도는 마음의 방황 상태를 경험한다(J.A.Brewer et al. 2014). 마음챙김과 마음놓침은 상호배타적이어서 하나가 활성화되면 다른 하나는 활동이 자동으로 줄어드는데, 이런 흐름을 표현한 것이 |표 1|이다(최연희, 2017). 신체 감각에 대한 지속적인 알아차림을 열린 마음으로 진행하는 마음챙김 명상을 통해 걱정과 불안, 슬픔에 얽매이지 않는 건강한 삶을 사는 것이다.

마음챙김에서 강조하는 5가지 측면은 아래와 같다(R.A.Baer, 2005).

첫째, '알아차림으로 하는 행동(act with awareness)'은 현재에 온전히 존재하는 것이다. 자신의 마음이 현재에 머물지 못하고 과거와 미래를 떠도는 속성이 있음을 알아차리는 것이다.

둘째, '관찰하기(observe)'는 내·외부 세계에 대한 자기 감각, 감정, 생각을 있는 그대로 관찰하는 것이다. 본능적으로 부정적인 경험을 회피하려는 경향을 마음챙김을 통해 열린 마음으로 모든 것을 관찰하는 것이다. 이것은 현재에 주의를 기울이게 한다.

셋째, '서술하기(describe)'는 지각하는 모든 것을 간단한 단어로 서술하는 것이다. 자신이 인지한 자기 내·외부 세계를 표현하기 위해 언어를 사용하는 능력을 말한다.

넷째, '비자동반응(non-reactivity)'은 어떤 상황에 반응하기 전에 위의 마음챙김 세 가지 요소를 통한 경험 변화를 그대로 지켜보는 것이다. 자동반사적으로 반응하던 것과 다르게 선택과 여유를 준다.

다섯째, '비판단(non-judgement)'은 자극과 경험에 대해 자동으로 판단하고 평가하는 경향을 배제하는 것이다. 자신과 자기 경험에 대한 비판단적 수용은 자기자비와 자기사랑의 기초가 된다.

마음챙김의 5가지 측면은 훈련과 연습을 통해 수준을 높일 수 있다. 마음챙김 기반 스트레스 감소 프로그램(MBSR), 마음챙김 기반 인지치료(MBCT), 수용전념치료(ACT), 그리고 변증법적 행동치료(DBT) 등 마음챙김을 기반으로 한 다양한 심리치료가 있다.

마음챙김은 우리 주변에서 명상으로 쉽게 접할 수 있다. 연예인이 휴식기에 명상을 통해 자기 마음을 평온하게 하는 그대로의 모습을 받아들이는 것을 방송에서 종종 볼 수 있다. 스타의 반열에 오른 스타의 모습과 평소 자기 모습 사이에서의 괴리감은 정체성 혼란을 가져온다. 이것을 바로잡는 방법으로 마음챙김을 이용하는 것이다. 마음챙김은 모든 직업군에 필요한 것으로, 다양한 직업의 교육과정에 포함했으면 하는 바람이다.

3. 감정노동 해소 방안

감정노동의 해소 방안은 크게 세 가지로 나누어 볼 수 있다.

첫째, 신체활동에 집중하며 나의 감각을 알아차리는 것이다.

몸을 움직이면 머릿속 복잡한 생각은 사라지기 마련이다. 옆의 그림은 〈스트레스 해소 방안〉 강의에서 분노를 다스리기 위한 '신문지 찢기' 장면이다. 민원이 많던 한 조직에서 온 관리자의 분노 표출이었다. 이 외에 신나는 음악에 맞추어 춤을 추거나 난타 치기, 자전거 등이 있으며, 기업에서 점심시간을 활용해 주변 헬스장이나 필라테스 등 운동하거나 산책하는 것도 이에 포함된다.

몸을 움직이면 심리학에서 중요하게 여기는 '지금, 여기(here and now)'를 느낀다. 이는 과거와 미래에 가 있는 나의 부정적인 생각과 느낌을 현재로 가져오는 역할을 한다.

둘째, 마음에 쌓인 것을 털어놓거나 긍정적인 감정을 채우는 것이다.

아래의 그림은 〈빈 의자 기법〉으로 상대가 앞에 있다고 생각해 상대에게 하고 싶은 말을 쏟아내는 것이다. 앞에 대상이 필요하다면 다른 사람이 앉거나 인형을 앉혀놓고 말하는 것도 도움이 된다.

기업에서 활용할 수 있는 방안은 미팅 시
간에 팀원이 돌아가며 한 사람을 칭찬하는
것이다. '다른 사람의 칭찬이 뭐 그리 대단할
까?' 싶지만, 실제로 모든 팀원의 칭찬 한 마
디하는 시간이 길고 쑥스러운 이상한 감정이
교차하는 것을 느낄 수 있다. 그리고 마지막까지 끝나면 가슴속에서
무언가 따뜻함이 올라온다. 이것은 감정노동을 해소하는 효과가 있
는데, P. 240의 '감정조절과정 모델'을 보면 개인요인에 '정서성'이 포
함되며, P. 241의 '감정노동 프로세스'에도 개인의 정서에 관한 내용
이 포함된 것을 볼 수 있다.

이런 긍정적인 감정을 위해 '심리상담사'를 고용하는 기업이 많아
졌으며, 선진국은 '정신과 의사'도 고용하고 있다. 앞으로 많은 기업
에서 직원 복지를 위해 심리적인 문제를 함께 고민할 수 있는 전문가
를 고용했으면 하는 바람이다.

셋째, 몸과 마음을 이완하는 방법이다.

마음의 이완은 가장 유명한 명상이 있으며, 명상의 한 방법으로 앞
에서 마음챙김을 살펴보았다. 종교가 있다면 기도하는 방식으로 명
상에 임해도 되며, 잠자기 전에 아무 생각없이 눈을 감고 3분 이상 앉

아서 아무 생각도 하지 않으려고 노력한다면
명상에 가까운 느낌을 받을 수 있을 것이다.
자신이 좋아하는 향을 피우거나 아로마 오일
을 사용한다면 더 좋은 효과를 볼 것이다.

　명상에서는 몸의 이완도 느낄 수 있는데,
최근 콜센터에서 안마사를 고용하는 것은 '감정노동'으로 인한 어깨
결림과 같은 신체화 현상을 줄이는 방법이다. 점심시간에 잠깐의 낮
잠도 몸과 마음을 이완하는 데 도움이 되며, 온돌방과 안마의자에서
휴식을 취하는 것도 좋다.

　지금까지 우리의 몸과 마음을 이완하고 부정이 아닌 긍정 정서로
가는 방안을 살펴보았다. 어쩌면 금요일 저녁, 일주일의 피로를 풀며
좋아하는 영화를 틀고 치킨을 먹는 것이 감정노동을 해소하는 데 더
나을 수도 있다.

　내 마음은 나의 것이다. 몸과 마음은 같은 것 같지만, 그렇지 않은
것이 사실이다. 영양제를 먹고 운동하며 나의 몸을 돌보듯이 나의 마
음도 어루만지는 시간이 필요하다. 개인 특성에 따른 감정노동 해소
방안이 더 자세히 알고 싶다면, 에니어그램 성향에 따라 감정노동
해소방안을 제시하는 〈내 마음의 고요함, 감정노동의 지혜〉(윤서영,
2016)와 MBTI 성향에 따라 스트레스 상황에서 주기능의 과부하와

열등기능이 어떻게 표출되는지 살펴보고 스트레스 상황을 벗어나기 위해 부기능을 성장하는 방안을 제시한 〈MBTI 유형별 스트레스 해소법〉(윤서영, 2023)을 살펴보면 도움이 될 것이다.

내 마음을 알아차리는 것은 어렵지 않다. 오늘도 잘했다고 내 마음을 손바닥으로 한번 쓸어보자. 그렇게 스스로 사랑해준다면 내 마음은 괜찮아질 것이다.

참고자료

○ 감정노동으로 인한 업무상 질병 인정범위 및 기준에 관한 연구(고용노동부, 2015)

○ 감정노동 종사자 건강보호 핸드북(고용노동부, 2017)

○ 감정노동 종사자 건강보호 핸드북(고용노동부, 2023)

○ 경찰공무원의 스트레스에 관한 연구 : 스트레스 완충요인을 중심으로, 원광대학교 대학원(유영현, 1998)

○ 고객경험 분석을 통한 커피전문점 서비스 중점관리요인 도출(양일선 외, 2014)

○ 관광·레저연구 제23권 제3호(통권 제58호)

○ 국내 저비용항공사의 선택속성이 고객만족 및 재구매 의도에 미치는 영향, 호텔경영학연구, 22(2), 189-209(이민정, 김정만, 2013)

○ 내 마음의 고요함 감정노동의 지혜(윤서영, 2016, 커리어북스)

○ 대학상담센터 상담자의 심리적 소진과 회복 경험에 대한 질적연구(최혜윤, 2015)

○ 모든 직업에서 감정노동이 발생한다(윤서영, 2020, 커리어북스)

○ 방송인의 감정노동과 직무 스트레스가 심리적 안녕감과 소진에 미치는 영향, 심리행동연구, 2(1), 97-114(유정희, 2020)

○ 불만고객에 대한 콜센터 상담사의 지각된 감정표현규칙이 직무만족에 미치는 영향-감정소진의 매개효과를 중심으로, 전남대학교(윤서영, 2020)

○ 블랙컨슈머(이승훈, 2011, 북스페이스)

○ 블랙컨슈머의 악성적 행동에 관한 사례분석(곽성희, 2014)

○ 사회복지 종사자의 감정노동 전략, 표현규칙, 감정노동 차원이 감정부조화에 미치는 영향, 한국거버넌스학회보, 20(3), 275-303(문영주, 2013)

○ 산림치유프로그램이 교사의 스트레스와 긍정·부정감정에 미치는 효과(박석희 외, 2017)

○ 상담자의 자기돌봄과 소진/공감피로의 관계에서 마음챙김과 자기자비의 역할, 서울벤처대학원(최연희, 2017)

○ 소방공무원의 직무만족도가 국민안전체감도에 미치는 영향(정태식, 2017)

○ 소방공무원 직무 스트레스와 PTSD(소방방재청, 2011)

○ 소비자상담사의 상담 특성, 감정노동이 상담업무의 스트레스와 만족도에 미치는 영향 구조분석, 소비자문제연구, 47(2)(허경옥, 2016)

○ 아나운서 진행 프로그램과 외부 MC 진행 프로그램의 비교분석: iTV 경인방송 사례를 중심으로, 연세대학교(선우경, 2002)

○ 이물질 보고 및 신고현황(식품의약품안전처, 2023)

○ 정신병원 종사자의 감정노동이 소진에 미치는 영향에 관한 연구: 회복탄력성과 사회적 지지의 조절효과 분석, 명지대학교(유종연, 2019)

○ 정신질환의 진단 및 통계 편람 제5판(DSM-5 ®, 2015, 학지사)

○ 재난대비 지역병원의 역할-재난응급의료 비상대응매뉴얼 교육 한국형 재난응급의료지원 기초교육과정(KDLS-Basic)(차원철, 2016)

○ 존 카밧진의 마음챙김 명상, 학지사(Jon Kabat-zin, 2013)

○ 중등 과학교사의 감정표현규칙과 감정노동 유형, 한국과학교육학회지, 37(4), 705-717(김희경, 2017)

○ 중소기업의 악성클레임에 대한 대응방안(대한상공회의소, 2013)

○ 직장 내 경험에 따른 감정노동 프로세스 모델 구축에 관한 연구: 근거이론을 중심으로, KBR, 18(4)(공혜원, 김효선, 2014)

○ 진상 고객 갑씨가 등장했다(윤서영, 2019, 커리어북스)

○ 초등학교 교사의 감정노동 연구, 한국교육학연구, 17(3), 93-127, (손준종, 2011)

○ 콜센터에서 상담사의 지각된 고객언어폭력이 감정노동과 감정소진에 미치는 영향, 경영학 연구, 45(1), 295-328(최수정, 정기주, 2018)

○ 판매자와 상호작용 유형이 소비자들의 부적절한 불만행동에 미치는 영향에 대한 소비자역량 조절효과 분석(이영애, 2013)

○ 한국형 감정노동 평가도구를 적용한 대학병원 의료인들의 감정노동 분석, 중앙대학교 대학원(김학재, 2015)

○ 한국 TV 앵커의 특성에 관한 연구(이종락, 1997)

○ 항공사 이용 고객의 불량행동이 객실승무원의 직무 스트레스에 미치는 영향: 감정노동의 매개효과를 중심으로, 24(2), 237~253(신지윤, 2015)

○ 항공사 직원의 감정노동 유형별 소진에 대한 실증적 연구(고인곤 외, 2017)

○ A preliminary survey of counseling psychologists' personal experience with depression and treatment. Professional Psychology: Reserch and Practice, 33(4) 402-407(Gilroy, P. J., Carroll, L. U., & Murra, J., 2002)

○ Deviant consumer behavior(Mills, M. K. & Bonoma, T. V., 1979)

○ Emotional Labor in Service Roles: The Influence of Identity. Academy of Management Review. 18(1)(Ashforth, Blake E. & Humphrey, Ronald H.,1993)

○ KRIVET Issue Brief(26호, 2013)

○ Stressing out? S.T.O.P.", Mindful(August), p.66(Elisha Goldstein, 2013)

○ Psychotherapists' personal problems and selfcare patterns. Professinal Psychology: Research and Practice, 28(1), 14-16(Mahoney, M. J., 1997)

○ The emotions of educational leadership: Breaking the silence. International Journal of Leadership in Education, 3(4), 331-357(Beatty, B.,2000)

○ VOC에 나타난 불만요인들이 고객만족과 재구매 의도에 미치는 영향에 관한 연구(권기영, 2012)

○ Why Shrinks Have So many Problems. Psychology Today. July/August, 59-78 (Epstein, 1997)

○ 2020년도 상반기 보험사기 적발통계, 금융감독원, 2023.

블랙컨슈머
_ 소비자, 기업 누가 블랙인가?

1쇄 발행 2024년 1월 18일

지은이   윤서영
펴낸이   윤서영
펴낸곳   커리어북스
디자인   허형옥
편집   김정연
인쇄   예림인쇄
출판등록   제2016-000071호
주소   용인시 기흥구 강남로 9, 504-251호
전화   070-8116-8867
팩스   070-4850-8006
블로그   blog.naver.com/career_books
페이스북   www.facebook.com/career_books
인스타그램   www.instagram.com/career_books
이메일   career_books@naver.com

값 18,000원
ISBN   979-11-92160-27-6 (03320)